AF628250

UWE BIRNSTEIN

ALLES KLAR, UDO LINDENBERG!

Uwe Birnstein

Wie der Panik-Rocker den Frieden besingt, Gott interviewte und hinter den Horizont blickt

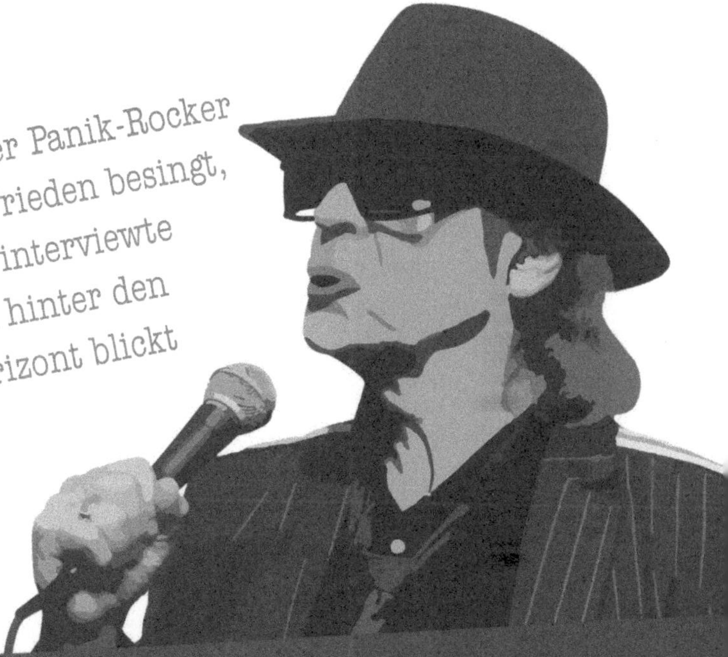

ALLES KLAR, UDO LINDENBERG!

VERLAG NEUE STADT MÜNCHEN · ZÜRICH · WIEN

Klimaneutral gedruckt. Weil jeder Beitrag zählt.

MIX
Papier
FSC FSC® C083411

CPI klimaneutral
Mehr Bäume. Weniger CO_2

2022, 1. Auflage
© Alle Rechte bei Verlag Neue Stadt GmbH, München
Umschlaggestaltung: Stefan Weigand (wunderlichundweigand.de) und Neue-Stadt-Grafik
Satz: Neue-Stadt-Grafik
Druck und Bindung: CPI books GmbH, Leck
ISBN 978-3-7346-1293-0

www.neuestadt.com

Inhalt

Anhang

Vorwort

Ich find den Spruch Martin Luthers gut!" Udo Lindenbergs Hut bewegt sich wie von der Stirn geheimnisvoll gelenkt rauf und runter, die Sonnenbrille ist abgesetzt: „Selbst wenn morgen die Welt unterginge, würde ich noch heute ein Apfelbäumchen pflanzen."

Allerhand. Das hatte ich nun gar nicht erwartet. Ein Rocksänger erklärte mir, dem Theologiestudenten, in einem schummrigen Kellerstudio, was der Reformator mit dem Heute zu tun hat. Ich kam aus dem Staunen nicht heraus. Schon die Tatsache, dass Lindenberg meine Interviewanfrage so schnell angenommen hatte, hatte mich gewundert. Er wusste: Es soll um Glaubensfragen gehen – und dass ich unser Gespräch für den NDR und Radio Bremen aufnehmen würde.

1976 war ich ihm erstmals begegnet. Ich war vierzehn Jahre alt und zum ersten Mal in einem Rockkonzert in der Bremer Stadthalle. Dieser Typ mit seiner Panik-Botschaft interessierte mich. Schon nachmittags schlich ich mich in die Halle, beobachtete den Aufbau und den Soundcheck. Als ich in den leeren Rängen stand, stand er plötzlich neben mir, begleitet vom Ragtime-Pianisten Gottfried Böttger. „Pass auf, dass die dich von der Halle hier nicht erwischen", sagten sie mir, wir plauschten, dann gaben sie mir ein Autogramm. Der Abend wurde grandios, eine Honky-Tonky-Show in Panik-Manier, begleitet von skurrilen Bühnengestalten.

Und nun, zehn Jahre später, stieg ich eines Sommertages im Jahr 1986 gespannt die Treppe ins legendäre Chameleon-Studio in Hamburg-Wandsbek hinab. Eine fremde Welt öffnete sich mir. Gitarren-Riffs, vermischt mit dem Klicken von Billardkugeln, waren das Erste, was ich wahrnahm. Es roch nach Zigarettenrauch und anderem. Hier ging es entspannt zu. An der Studiobar saß Roy Black, der Rock-'n'-Roll-Sänger, der unglücklich, aber erfolgreich im Schlager-Genre gelandet war und nun immerzu von roten Rosen singen musste.
Ich wurde in einen Nebenraum gebracht. Nach einer Weile kam Udo Lindenberg hereingeschlappt, mit einem Whiskyglas in der Hand. Der Sänger, der genau das singt, was er will. Er schloss die Tür, setzte die Sonnenbrille ab. Über eine Stunde lang redeten wir mehr über Gott als über die Welt. Udo Lindenberg war sehr zugewandt und konzentriert, brachte nur wenige lockere Sprüche, redete viel über Wesentliches. Ich erfuhr, dass er seine Hoffnungen mit Brüdern im Geiste wie eben dem Reformator Martin Luther, aber auch dem Baptistenpfarrer Martin Lu-

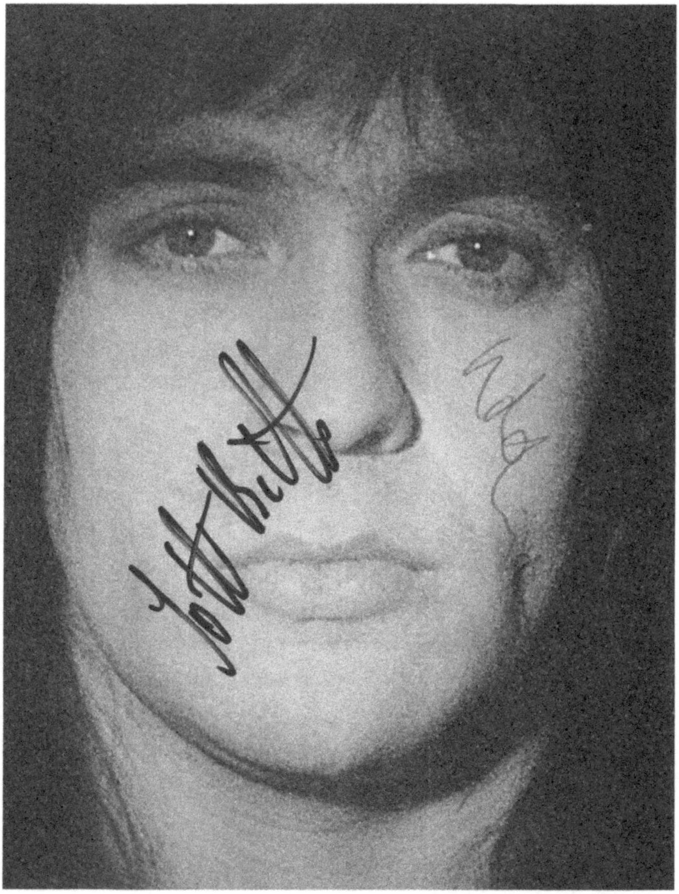

ther King teilt, der sich in den USA gegen Rassismus und für Bürgerrechte einsetzte. Glaube sei nichts, was beruhige, meinte Lindenberg. Vielmehr müsse Glaube doch dazu führen, etwas zu tun – gegen Krieg und Umweltzerstörung, gegen Neonazis und andere Ewiggestrige und

Dumpfbacken. Von einem Kinderlied erzählte er, das er gerade umgedichtet hatte: „Weißt du, wie viel Sternlein stehen". Bei ihm hieß es nun: „Lass uns nicht mehr zählen / wieviel' Sterne da so stehen / Dann lass mal lieber machen / dass wir hier nicht untergeh'n".
Eins war mir sofort klar: Udo Lindenberg ist überzeugt von dem, was er da dichtet, singt und tut. Eigentlich ist er ein Anti-Paniker. Denn Angst lässt er nicht gelten. „Optimismus ist angesagt, dann werden wir es schaffen, dass die Welt nicht auseinanderfliegt." Wenn Udo Lindenberg solche Sätze bringt, klingt das heute wie damals nicht wie aus dem Munde eines Moralapostels oder Phrasendreschers. Eher wie von einem besorgten Menschen, der sich die Hoffnung partout nicht nehmen lässt: „Es passiert ja auch viel, wir sind ja alle zusammen unterwegs, Musiker, Künstler, Schriftsteller, Journalisten."

Udo Lindenberg wurde ins Studio gerufen, seine Aufnahmen gingen weiter. Als ich wieder ins Tageslicht trat, war ich ziemlich verwirrt. Solch eine intensive Begegnung hatte ich noch nicht häufig erlebt. Einen Sprücheklopfer hatte ich erwartet – einen tiefsinnigen Künstler hatte ich kennengelernt. Abseits des Scheinwerferlichtes hatte er mir seine introvertierte, verletzliche Seite gezeigt. Zu der gehört auch eine spirituelle Ader: zu glauben, dass es hinter dem Horizont des Sichtbaren mehr gibt als das, was wir mit unseren Sinnen erfassen können.
Und: Dieser Mann hatte nicht nur selbst geredet. Lindenberg interessierte sich sehr dafür, wie *ich* die Sache mit dem Glauben, mit Jesus und der Kirche so sehe und ver-

stehe. Binnen kurzer Zeit war eine ungewöhnlich große Nähe entstanden. Ein intensiver Gedankenaustausch, an dessen Ende die Erkenntnis stand: Wir sind gemeinsam auf dem Weg, jeder auf seine Weise, mehr oder weniger gläubig, eingebunden in eine Schar von Menschen, die diese Welt friedlicher und gerechter, lebenswerter, liebe- und lustvoller machen wollen; denen Toleranz und Respekt am Herzen liegen. Und die immer dann Einspruch erheben, wenn andere, zumal Schwächere, ausgegrenzt werden.

In dieser Schar von Menschen fühle ich mich sehr wohl. Und freue mich darüber, dass auch im Licht der Öffentlichkeit stehende Menschen wie Udo Lindenberg sich unverblümt einreihen. Es sind Menschen, denen es am Ende mehr um Wahrhaftigkeit und Courage geht als um Karriere oder Ansehen. Was mich zusätzlich freut: Einen Großteil seiner Hoffnung bezieht Lindenberg aus der Bibel. Als freier Geist jongliert er in mehreren Songs mit biblischen Bildern – humorvoll, aber stets mit Respekt. Fast missionarisch, aber ohne Enge wirkt sein Gemälde-Zyklus zu den Zehn Geboten. Scharf verurteilt er hingegen die Kirche, wenn sie sich der Freiheit auch in Sachen Liebe in den Weg stellt, wenn sie Doppelmoral walten lässt und Menschen davon abhält, ihren eigen(sinnig)en Weg zu finden. Beschreibt Lindenberg seinen eigenen Glauben, verwendet er keine Bekenntnisformeln, sondern Bilder, Musik und Poesie; einmal führt er sogar ein imaginäres Inter-

view mit Gott. Und er singt wunderschöne Balladen über Wegbegleiter, die „immer da" sind und uns „wie ein Schatten" auch „durch schwere Zeiten" begleiten. Sind das Engel? Oder Menschen?
Udo Lindenbergs Glaubenswelt ist aufreibend und tröstlich zugleich. Da geht es um Selbstfindung und Liebe, um Frieden und Gerechtigkeit, um den Umgang mit Lebenskrisen und mit dem Tod. Lindenberg schaut dem Volk aufs Maul wie einst Martin Luther – und er schaut in die Seele. So treffend, dass es Millionen Menschen zu Herzen geht und zu Tränen rührt. Er ermutigt dazu, sich einzumischen, das Leben in vollen Zügen zu genießen und das eigene „Ding" durchzuziehen. Denn am Ende des Lebens lauert keine Katastrophe oder Tristesse, nein: „Hinterm Horizont geht's weiter."

Dieses Buch erkundet lediglich Dinge, die *vor* dem Horizont liegen. Es ist keine Biografie, sondern es versucht, die religiöse Spur nachzuzeichnen, die sich durch Udo Lindenbergs Leben und künstlerisches Werk zieht. Deshalb stehen nur die Songs, Bilder, Begebenheiten, Begegnungen und biografischen Details im Fokus, die mit dem Thema Glauben im weitesten Sinn zu tun haben.

Dank an Udo Lindenberg für sein Vertrauen in dieses Projekt und für mehrere inspirierende Gespräche über Gott und die Welt.

München, März 2022
Uwe Birnstein

1
Ein „Heidenkind“ wird „Christenmensch“

Kind sein in Gronau

1955. Um den alten Taufstein der evangelischen Stadtkirche im westfälischen Gronau stehen die vier Kinder des Badinstallateurs Gustav Lindenberg und seiner Frau Hermine: Erich, 17 Jahre alt, die Zwillingsschwestern Erika und Inge, sieben – und der blässliche Udo, gerade mal neun Jahre alt, im schicken Anzug mit kurzer Hose. „Inge“, sagt der angesichts der Kinderschar wohl überforderte Pfarrer einige Male zu Udo, der den Fauxpas empört korrigiert. Das Licht strahlt durch das neue Kirchenfenster im Altarraum und lässt Jesus gütig auf die Szenerie blicken. In den Kirchenbänken kichern einige Spielkameraden. Die gläubige Oma hingegen ist selig. Ihr inniger Wunsch ist in Erfüllung gegangen. Ihre Argumente hatten auch Udo überzeugt, der sie später so zitiert: „Wir brauchen keinen kleinen Gott, wir brauchen den großen Gott, den Gott der Christen, und der wohnt in der Kirche. Denn wenn es hier auf Erden dann doch nicht so richtig was wird, dann hat man wenigstens die Absolu-

1949

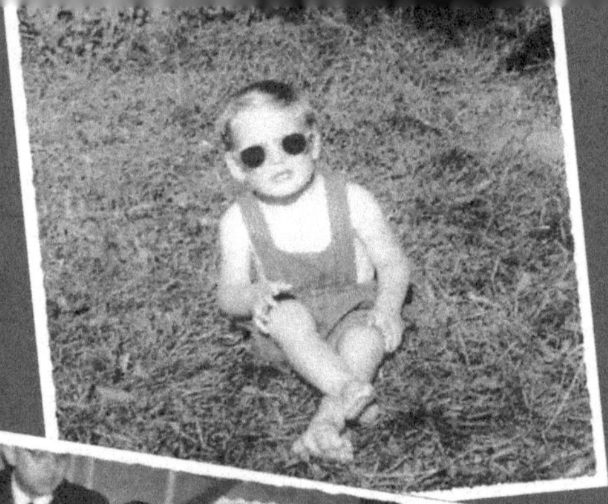

Einschulung

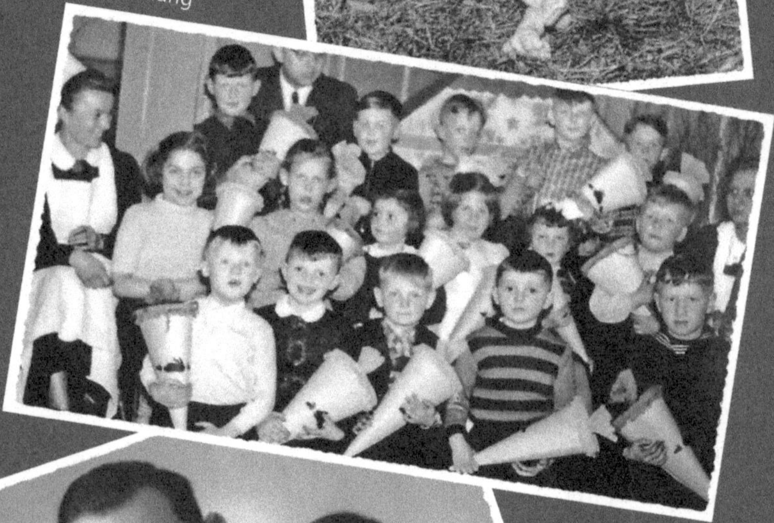

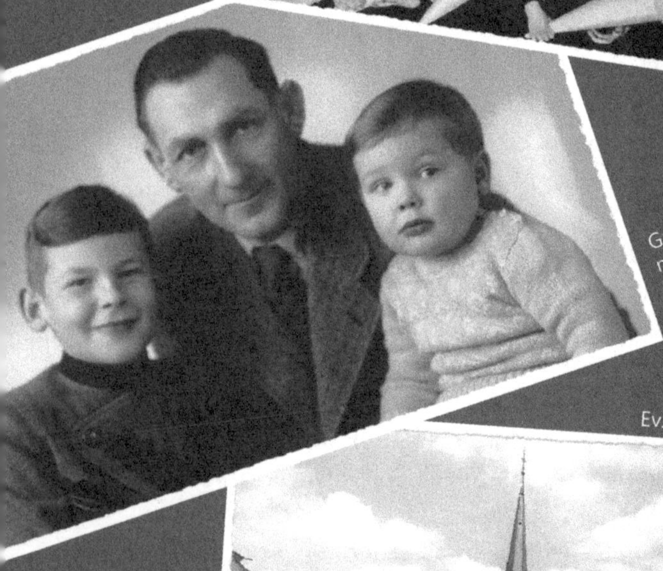

Gustav Lindenberg mit Söhnen Erich (links) und Udo (rechts)

Ev. Stadtkirche Gronau

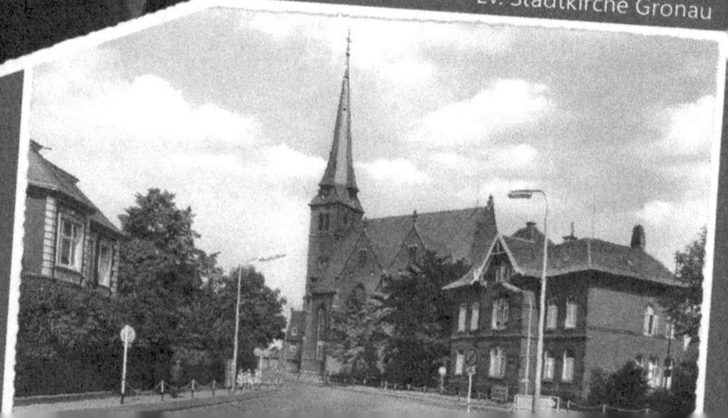

tion des Himmelreichs in der Tasche!" Udo ist zufrieden, „nun wie alle anderen ein Christenmensch zu sein". Und dass es da irgendwo auf „Wolke sieben" vielleicht doch den „alten Mann mit dem weißen Bart" gibt, „der alles sieht und alles hört und alles kann", diesen Gedanken kann sein kindliches Gemüt auch nicht ganz abschütteln. Worum es beim christlichen Glauben im Groben geht, davon hat er schon im evangelischen Diakonissen-Kindergarten gehört. Nun macht er sogar für kurze Zeit bei den Gronauer Pfadfindern mit – als Wölfling Udo (s. Foto S. 16).

Die ersten neun Jahre hat Udo Gott sei Dank unbeschadet überstanden, freut sich die Großmutter. Die Schrecken des Kriegs stecken ja noch allen in Gronau, der westfälischen Kleinstadt an der holländischen Grenze, in den Knochen. Gustav und Hermine Lindenberg hatten sie auch erlitten. Als ihr Sohn Erich geboren wurde, im September 1938, war Deutschland schon von den Nazis auf Rassenwahn und Siegestaumel eingeschworen. Dann der Krieg, sechs Jahre lang. Es wirkt wie ein Hoffnungszeichen der Liebe, dass Hermine Lindenberg im Sommer nach dem Krieg schwanger wurde. Endlich Frieden. Ein Mädchen wünschten sich die Eltern. Es wurde ein Junge. Als der kleine Udo am Freitag, dem 17. Mai 1946 im Diakonissenkrankenhaus Auguste Viktoria geboren wurde, saß Vater Gustav wie so oft in seiner Stammkneipe „Zur Quelle".

Auch Gustav Lindenberg hatte eine Menge zu verkraften. Kurz vor dem Krieg war sein Bruder bei einem Motorradunfall gestorben. Er selbst war im Krieg gewesen. Sein Vater, von dem er den Betrieb übernommen hatte, mochte die Nazis; heimlich hatte er ein Hakenkreuz an den Wetterhahn auf der Kirchturmspitze geschmiedet. Und nun baut Gustav Lindenberg in Gronau Heizungen ein und repariert Rohre. Eigentlich wollte er Dirigent werden und reisen. Nun sitzt er abends oft in der Kneipe und sinniert mit seinen Saufkumpanen darüber, wie alles so kommen konnte. Richtig schlecht gewesen sei ja nicht alles, heißt es dann: Autobahnen seien gebaut worden, und es wurden nicht so viele Fahrräder gestohlen. Und wie jetzt die englischen Soldaten, die vermeintlichen Befreier, den Kindern Kaugummis schenken – muss das denn sein? Die Männer verstehen die Welt nicht mehr, nagen an ihren teils furchtbaren Kriegserlebnissen und versuchen, sich die dunklen Bilder und Gefühle aus dem Hirn zu saufen. Es herrscht „großes Durchgehänge, peinliche Betroffenheit, keiner war's gewesen", erinnert Lindenberg sich später.

Über die Geburt Udos freut sich Vater Gustav trotzdem, klar. Udo, der von allen „Matz" genannt wird, verbringt eine glückliche Kindheit. Auf den Straßen ist noch Platz zum Spielen, auch am Bahndamm in der Nähe und am See. Mit

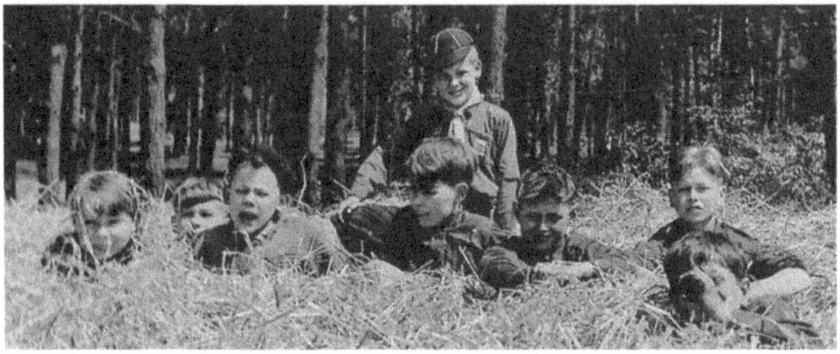

seinen Kumpels tobt er durch die Gegend. Mutter Hermine ist sehr liebevoll, kümmert sich um den Haushalt und um die Buchhaltung des Betriebs. Vater Gustav ist „ein sehr beschwingter Mensch, ganz lieb und sehr fürsorglich“. Nur eines macht Udo und seinen Geschwistern sehr zu schaffen: Der Vater ist alkoholkrank. „Sein Lebenssinn war der Suff“, so Lindenberg, „pünktlich ab Feierabend um fünf Uhr nachmittags ballerte er sich zu“ – und ertränkte seine großen Lebensträume im Alkohol.
Auch den, dass er eigentlich Dirigent werden wollte. Manchmal spätabends weckt er die Familie, die sich im Wohnzimmer versammeln muss. Der Plattenspieler läuft und der Vater dirigiert auf dem Wohnzimmertisch stehend Operettenmelodien und Märsche mit dem Luft-Taktstock. „Eigentlich bin ich ein Superdirigent“, sagt er, „eigentlich gehör ich auf die Bühne der Mailänder Scala!“ Matz staunt und findet seinen Vater „interessant verrückt“.

Im 2021 veröffentlichten Biopic-Film „Mach dein Ding“ stellt Filmemacherin Hermine Huntgeburth diese Szene liebevoll und emotional nach. Als Vater dirigiert sich Gustav Lindenberg, gespielt von Charly Hübner, in den Wahnsinn. Die Kinder schauen verstört zu, die Mutter (Julia Jentsch) versucht, in der abgründig-skurrilen Situation die familiäre Harmonie zu wahren. Diese Filmszene könnte als Lehrvideo zum Thema Co-Abhängigkeit in Alkoholikerfamilien dienen.
Auch eine weitere Szene, die Lindenberg in seiner Autobiografie „El Panico“ erzählt, stellt der Film herzergreifend nach: Vater Gustav steht an der Hauptstraße und blickt

versonnen den Autos nach, die Gronau verlassen. Der kleine Udo geht zu ihm und führt ihn zärtlich aus seinem Traum, den er sich nie erfüllte. „Er hatte immer hinter den Horizont gewollt", meint Lindenberg später, aber „andere hatten bestimmt, dass er in Gronau verrecken würde."

Udo geht anders mit seinen Träumen und seinen Talenten um. Mit zehn Jahren entdeckt er sein erstes: das Trommeln. Alles, was sich eignet, nutzt er als Instrument: Bratpfannen, Vasen, Dosen. Er organisiert sich leere Benzinfässer, schnitzt sich Trommelstöcke dazu. Seine Eltern entdecken: Ihr Matz hat den Rhythmus im Blut. Als er zwölf Jahre alt ist, schenken sie ihm ein richtiges Schlagzeug. Für 70 DM haben sie es gebraucht gekauft. Vater Gustav ist stolz. Beim Karnevalsumzug marschiert Udo nun trommelnd mit. Aber das Marschieren in Reih und Glied gefällt ihm gar nicht. Das Trommeln sei sein „Schrei nach Befreiung" gewesen, deutet Lindenberg sein Faible fürs Schlagzeug im Rückblick, eine Befreiung aus der Welt des bleiernen Schweigens der Nachkriegszeit – als so viele Themen unter den Teppich gekehrt wurden und dies auch in der Familie Lindenberg für eine gedrückte Grundstimmung sorgte.

Überhaupt: Je älter er wird, desto bewusster wird ihm die Provinzialität seiner Heimatstadt, der „engen, zickigen Gemeinde". Als er Kind war, war Gronau für ihn „Zentrale der Welt“. Nun wird es immer mehr zur „Abtörnstadt“. Allein schon die eingeschränkten Gesprächsthemen. Die Frauen reden nur über Sonderangebote im Kaufhaus oder beim Fleischer. „Es ging mehr um den Bauch, dass man sich ernährt und so was“, beklagt Lindenberg. Der Mensch lebt nicht vom Brot allein: Udos Träume und Sehnsüchte sind größer. Doch erzählt er seinen Eltern davon, erntet er nur Kopfschütteln.

Am Wochenende gibt es nur Schützenfest und Besäufnisse. Als „reine Alkoholkultur mit viel Prosit auf die Gemütlichkeit“ beschreibt er später das Gronauer Lebensklima. Udo findet das „alles so spärlich geraten, das war nicht das Leben aus dem Vollen. Das war nicht das Leben als Abenteuer, das war so 'ne unheimlich kleine Version“. Die Sehnsucht auszubrechen wächst. Und es kommen Fragen auf: Woher kommt dieses pulsierende Gefühl, das ihm offensichtlich im Blut liegt?
Eine Antwort hat er schon Jahre zuvor bei seinem Großvater gefunden. Der war mit ihm an die Dinkel gegangen, den Fluss, der durch Gronau fließt. Viele Flüsse gebe es, hatte der Großvater ihm erzählt, auch den Rhein. Und am Hafen von Duisburg sei einst „ein Schipper“ angekommen, ein Sizilianer – Udos Ur-Urgroßvater. Der habe eine deutsche Frau kennen- und lieben gelernt und eine Familie gegründet. Über Holland sei die schließlich nach Gronau gekommen. Das vermutete „sizilianische Blut“ führt Lindenberg später auch als Grund für seine mangelnde Sesshaftigkeit und innere Unruhe an.

Aber da pulsiert noch etwas anderes in seinem Körper: Hormone. In einem seiner Rückblick-Songs beschreibt er offen seine pubertären Verunsicherungen: „Als ich noch ein kleiner Knilch war, stand ich immer an der Milchbar, dachte nach über Pubertät – und hab' mich so gewundert, dass das Ding da plötzlich steht." Die Milchbar gab es wirklich.

Ein anderer pubertärer Rückzugsort ist das Kino. Stundenlang steht Udo gebannt vor dem Schaukasten. Das Kino ist einer der wenigen Orte in Gronau, an dem der Blick in die große weite Welt der unbegrenzten Gefühle möglich ist. Das gezeichnete, aber fast fotografisch wirkende Plakat, das Udo hier sieht, raubt ihm den Verstand: Eine wunderschöne, amazonenhafte Frau mit langen blonden Haaren und nackten Brüsten hängt an einer Liane. Im Hintergrund schmachtet ein cooler Kerl mit Zigarette sie an, ein Löwe und halbnackte Eingeborene sind auch noch zu sehen. „Liane – das Mädchen aus dem Urwald" heißt der Film. Udos Blick klebt an ihren Brüsten. Dreimal guckt er sich den Film an, in dem die sechzehnjährige Schauspielerin Marion Michael ein im Urwald unter Eingeborenen aufgewachsenes Mädchen mimt. Sie trägt nur einen kleinen Lendenschurz, nur ihre langen blonden Haare bedecken die Brustwarzen. Die Handlung: Liane ist Enkelin eines reichen Hamburger Reeders. Nach einigen Wirren um dessen Erbe entscheidet sie sich nach einem Ausflug an die Elbe, wieder in den Urwald zurückzukehren. Das Leben in der Zivilisation mit Ampeln und auf High Heels ist ihr zu fremd und anstrengend.

Der Film kommt im Herbst 1956 in die Kinos, da ist Udo zehn Jahre alt. Da die FSK den Film zu erotisch findet, setzt sie das Alter auf 16 fest; nach Protesten wird das im Jahr darauf wieder zurückgesetzt. So viel Wirbel hatte noch kein Kinofilm verursacht. Udo ist schwer verliebt. Vielleicht könnte er mal in den Dschungel ziehen und Liane heiraten? Würde Marion Michael mal nach Gronau kommen, „mach ich das sofort klar", erzählt er später. Und immerhin: Durch den Film hat er Hamburg auf der Leinwand gesehen, zumindest das Rathaus und den Jungfernstieg mit dem Alsterpavillon. Hamburg wird zum Ziel seiner Träume.

Liane verspricht „himmlische Wonnen" und verursacht auch bei Udos Kumpels feuchte Träume. Ein offener Bruch der Gronauer Spießer-Prüderie, die Sex nur als „Begattung" zuließ, im Dunkeln und keinesfalls vor der Ehe. Onanie, so heißt es, sei eine Sünde, die Gott gar nicht gerne sehe. Auch von schrecklichen Geschlechtskrankheiten ist die Rede. Udo fühlt sich „zwischen rasender Begierde und höllischer Angst hin- und hergerissen". Diese Erziehung und die ausgebliebene Aufklärung haben Folgen: Er ist der Überzeugung, mit seinen „hässlich-schönen Fantasien" in Sünde zu leben.

Das Liane-Plakat versetzt auch Vater Gustav in Wallungen – wie viele andere Gronauer. So außer sich ist er, dass er – so beschreibt es Lindenberg-Biograf Kai Hermann – mit dem Krückstock der Großmutter zum Kino läuft und damit den Schaukasten zertrümmert. Er greift sich das sündige Plakat und zerreißt es. Der widerständige Vater Gustav wird „von den Kanzeln als Erlöser gepriesen, obwohl er doch eigentlich ein Gottloser ist", schreibt Hermann. Und Udo? Der resümiert später: „Ich hätte wieder mal Grund gehabt, stolz auf meinen Vater zu sein. Wenn er sich nicht ausgerechnet an meiner ersten Leidenschaft vergangen hätte. Meine Gefühle waren also, wie so oft, gespalten."

Udos Musikgeschmack entwickelt sich. Im Radio hört er sich quer durch alles, was Rang und Namen hat und von den Sendern gespielt wird: Louis Prima, den US-Sänger und Trompeter, dessen Song „Sing Sing Sing (With a Swing)" mit dem treibenden Schlagzeug und röhrenden Bläser-Sound zum Jazz-Standard wurde. Bill Haley schmettert „Rock Around the Clock", Elvis Presley befindet sich mit „Hound Dog" und „Heartbreak-Hotel" auf dem Weg zum King of Rock'n' Roll. Schlagersänger Fred Bertelmann erzählt aus seinem Leben als „Der lachende Vagabund", dem überall auf der Welt die Frauen verfallen. „Ich hab alles gut gefunden, was so'n bisschen schneller klang", erinnert Lindenberg sich. Und er trommelt immer mit. Nicht nur zum Playback. Sein Bruder Erich kennt andere, die in Gronau Live-Musik machen. Er nimmt seinen kleinen Bruder mit. Udo darf vortrommeln – und die „Border-Town-Jazzband" ist sehr angetan von dem jungen Trommeltalent. Also sitzt er als Zwölfjähriger am Wochenende in kurzen Hosen am Schlagzeug und spielt im „Schützenhof" und anderen Sälen der Gegend. Wenn die anderen Bier trinken, bekommt Udo Schokolade. Offiziell. Denn hinter den Kulissen oder auch mit Kumpels trinkt er schon gerne mal ein Bier. Auch Zigaretten probiert er aus. Die Feste gehen nächtelang. Doch wenn die Stimmung gerade steigt, muss der kleine Udo nach Hause. Länger als bis 21.30 Uhr erlaubt es das Jugendschutzgesetz nicht. Udo muss das Schlagzeug an seine erwachsene Ablösung weitergeben – und ist schwer genervt. Schnell wird er zum „Wunderknaben" Gronaus. Vor allem die Frauen sind entzückt von dem kleinen Trommler. In den Lokalzeitungen erscheinen Artikel über ihn. Seine Eltern staunen und sind stolz auf ihren Matz. Mutter Hermine liebt Dixieland-Musik. Die Gronauer Lokalzeitung berichtet groß über den außergewöhnlichen Sohn der Stadt. Auch Vater Gustav freut sich.

Am 9. Mai 1959, kurz vor Udos dreizehntem Geburtstag, kommt einer seine Götter ganz in die Nähe: Louis Armstrong spielt mit seiner All-Stars-Band im Stadion in Enschede, nur 15 Kilometer entfernt, nur kurz über die Grenze. Udo ist elektrisiert, mit seinem Bruder fährt er hin. Er sieht, wie Armstrong mit seiner Entourage ins Stadion einfährt und auf die kleine Bühne geht. „High Society", „You'll Never Walk Alone", „Mackie Messer": „Satchmo", so Armstrongs Spitzname, gibt sein Bestes, schwitzt, singt und trompetet göttlich. Er brachte „Frieden und Glamour" in die kaputte Welt, fasst Lindenberg später seine Gefühle zusammen, „es ging um Freiräume und Träume und darum, was die Kunst dafür tun konnte, uns diese näherzubringen". Das Konzert sei „ein Gottesdienst" für ihn gewesen – mit „Satchmo“ auf dem Jazz-Olymp. Jazz mag Udo mehr als Rock'n' Roll, findet er heraus. Sein Bruder versorgt ihn mit Langspielplatten. Chris Howland, Benny Goodman, Glen Miller. Im Garten neben dem Hühnerstall richten sich die Brüder ihren privaten Jazzkeller ein. In die Aufnahmen der Weltklasse-Drummer Gene Krupa, Cozy Cole und Louis Bellson mischt sich das Gackern der Hühner. Die Lindenberg-Brüder genießen es. Und Udo weiß: Er ist auf dem richtigen Weg.

Kurz darauf gründet er seine erste eigene Band, die „Dixie Devils“. Mit Hanspeter Dickel, einem Freund seit Kindergartentagen (der heute Lindenberg-Stadtführungen durch Gronau macht), nimmt er erste Songs auf Tonband auf. Der Dreizehnjährige gewinnt einen Wettbewerb für Jazz-Trommler in Osnabrück. Nun ist er bester Nachwuchs-Trommler Nordrhein-Westfalens. „Der Grundstein für Narzissmus und Überfliegertum war gelegt. Ich fühlte mich wie ein kleiner Gott“, blickt Udo zurück. Über eines ärgert er sich jedoch: An katholischen Feiertagen bleiben der Schützenhof, die Kneipen und andere Tanzschuppen geschlossen. Diese staatlich verordnete Zwangspause empfindet er als „unheimliche Frechheit“. Denn dann kann er auch nicht mit seiner Band Musik machen. Statt Trommel und Tanz nur „Trauer, Trauer, Hosianna und Langeweile“.

Überhaupt, die Religion. Udo ist nun getauft und seitdem nicht mehr „das ungefähr einzige Heidenkind an der Dinkel“. Dennoch bleibt ihm vieles ein Rätsel. Der Vater war schon „während der Nazizeit“ aus der Kirche, dem „Verein der Papstgläubigen“, ausgetreten. Weil er eben ein Freigeist war, erklärt Lindenberg. Sein Bruder Erich sah das anders: Er argwöhnte, der Vater sei „wegen der Nazis“ ausgetreten, „die nur einen Gott kannten: Adolf“. Auch nach der Taufe trichtert Gustav Lindenberg Udo weiter Zweifel ein. So stellt er etwa fest, dass die Religionen viel Unglück unter die Völker gebracht hätten: „Konflikte, Kriege, Tragödien“. Deshalb gebe es nur eine Lösung: die „Vielgötterei“. Mutter Hermine bemängelt ebenfalls viel an der Kirche. Beide seien „in jesustechnischen Angelegenheiten recht liberal“ gewesen, meint Lindenberg später. Obwohl sie der Kirche den Rücken zugewandt hatten, seien sie doch „von den Ideen der himmlischen Nächstenliebe“ geprägt gewesen. Mutter Hermine etwa beschreibt er als „eine bemerkenswert gütige und gerechte Frau. Von ihr kam Liebe, Wärme und Geborgenheit, ganz wichtig für uns Kinder“.

Als „Christenmensch“ besucht Udo den Konfirmandenunterricht. Was der Pastor da über die Bibel erzählt, versteht er allerdings nicht und findet es gähnend langweilig. Udo wundert sich, denn auf Jesus hält er eigentlich „große Stücke“, findet seine Botschaft „ganz wichtig“. Doch hier muss er Kirchenlieder und Katechismus-Texte auswendig lernen. Am 27. März 1960 ist das Ziel erreicht: die Konfirmation. Nach dem Abendmahl gehts zum Grup-

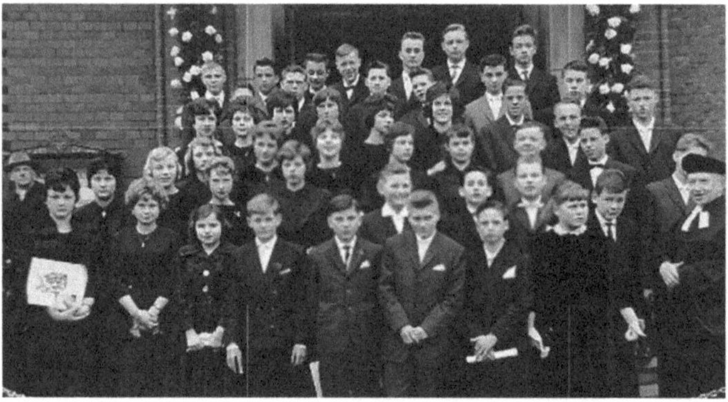

penbild vor die Kirchentür. Der dreizehnjährige Udo steht neben dem Pastor Ernst Kochs. Während die allermeisten offen zum Fotografen blicken, steht er mit etwas gebeugtem Kopf da und scheint nur widerwillig gen Kamera zu schauen.

Auch die letzte Hürde schafft er bald: die Mittlere Reife. Ihm ist glasklar: Er muss weg aus Gronau. Mit 13 war er schon mehrmals aus Gronau weggetrampt: „Liebe Eltern, 1000 Dank, doch eure Welt, die macht mich krank." Ob er seinen Eltern das auch auf einen Zettel geschrieben und an den Küchenschrank geklebt hat, wie er es in einem Lied später beschreibt?

Fest steht: Matz wird flügge. Er will weg aus dieser „miefigen, piefigen, klitzekleinen Schnarchstadt". Abenteuer warten. Die Welt ruft. Oder ists vielleicht gar ein kreidebleicher Engel, der plötzlich in der Tür steht?

2
Trommeln gegen die Provinz-Ödnis

Mit Fluchthelfer Hermann Hesse bis Hamburg

Es begab sich aber zu der Zeit, als Willy Brandt Bundeskanzler in Deutschland war, dass die Welt zu bersten drohte.
Da machte sich auf Udo aus Westfalen, aus der Stadt Gronau, in das norddeutsche Land zur Stadt der Beatles und des Hans Albers, die da heißt Hamburg. Und irgendwo auf diesem Weg muss es geschehen sein: Udo Lindenberg wurde zum „neuen Messias" auserkoren. Wie das?

Die Erklärung bringt der Song „Du heißt jetzt Jeremias" (1973). Er beginnt mit dem Knarzen einer Kirchentür. Eine Orgel spielt ein paar Takte, dann singt, nein, blökt ein Männerchor ein zweifaches „Halleluja". Zum satten Rocksound erzählt Udo Lindenberg, was ihm letztens nachts „um Viertel vor vier" widerfahren sei. Er habe eine „Erscheinung" gehabt. Ein Engel „mit 'm weißen Gewand" und einer „silbrig schimmernden Hand" habe plötzlich in der Tür gestanden. Die Geschichte klingt fast so, als stamme sie aus der Bibel. Der Engel habe ihm den Kopf geschoren und seinen Namen geändert: Er heiße nun „nicht mehr Udo", sondern „Jeremias". Ob er denn damit einverstanden sei, fragt der Engel den verdutzten Lindenberg. „Ja, ist o.k. so", antwortet der lässig, obwohl er über die Glatze gar nicht so erfreut ist. Bevor er wieder abfliegen kann, geschieht dem Engel ein Missgeschick: Ein Flügel klemmt, und er bittet Jeremias verzweifelt um Hilfe. Als der Engel schließlich doch gen Himmel gefahren ist, fragt sich Jeremias alias Udo Lindenberg, was er denn nun tun solle. „Irgendwie kriegen wir das schon hin", denkt er sich, „da gab's doch schon mal einen, der hat das auch gebracht."

Nach 2 Minuten 57 Sekunden verhallt das letzte „Halleluja" im Kirchenraum. Lindenberg hinterlässt seine Zuhörer ratlos und mit vielen Bildern und Fragen im Kopf. Leidet er an religiöser Selbstüberhöhung? Will er uns verarschen? Soll das alles lustig sein oder was? Überhaupt: Ist das ein Spaßlied? In den „Blauen Bock", die äppelwoiselige Schunkel-Fernseh-Show, passt es nicht. In die Hitparade aber auch nicht. Die E-Gitarre im Hintergrund hat denselben Sound, wie er auch in Produktionen des sogenannten Krautrocks zu hören ist, also bei deutschen Rockbands, die Hardrock mit psychedelischen Klängen kombinieren und so der Rockmusik einen deutschen Touch verleihen. Das klingt gut, hat aber eine große Schwere. Und dieser Udo Lindenberg, bisher nur wenigen bekannt, mixt nun Spaß und Ernst, Rockmusik und Halleluja zu einer Mischung, die es bisher noch nicht gab. Der Text passt in kein Klischee deutschsprachiger Musik. Er hat wunderbaren Wortwitz, fast beiläufige Religionskritik und bodenlose Lässigkeit; er kratzt an der vermeintlich heiligen Fassade der Kirche, hat aber gleichzeitig ein so charmantes Augenzwinkern, dass man dem langhaarigen Sänger kaum die Verletzung religiöser Gefühle vorwerfen kann.

Selbst für Theologen birgt das Lied Denkanstöße, die beim ersten Hören zwar frech klingen, beim Nachdenken aber ernsthafte theologische Fragen aufwerfen. Ein Engel fragt einen Menschen nach seiner Meinung, bevor er ihm Gottes Auftrag verkündet: Ist Gott tatsächlich ein unerbittlicher Herrscher, dem sich die Menschen ungefragt zu unterwerfen haben – oder sind die himmlischen Mächte vielleicht mit den Menschen im Zwiegespräch? Auch die Formulierung, dass die Welt einen neuen Messias brauche, greift eine Frage auf, die Theologen und viele Christen beschäftigt. Wenn Jesus Christus der verheißene Messias war, der Friedenskönig und Weltretter: Ja, warum befindet sich die Welt dann immer noch in so einem miserablen Zustand, warum ist es nicht besser geworden? Und überhaupt, kann es nur *einen* Messias geben – oder könnte Gott angesichts der Kriege und des Hungers auf der Welt einen neuen schicken? In dem von Lindenberg so leichtfüßig respektlos verarbeiteten Messias-Thema steckt Gesprächsstoff für tiefsinnige Diskussionen in theologischen Seminaren und kirchengemeindlichen Gesprächsgruppen.

Dass auch Engel verletzliche Wesen sind, das ist kein biblischer Gedanke, wohl aber eine in der Kunst gehegte

Vorstellung. Der finnische Maler Hugo Simberg malte einen verwundeten Engel, der auf einer Bahre abtransportiert wird. In einem Gedicht beschrieb die Schriftstellerin Rose Ausländer die Menschen als im Strom der gebrochenen Engelsflügel schwimmend. Kirchenmaler Eberhard Münch erregte mit seinem Aquarell „Engel mit gebrochenem Flügel" in der frommen Szene Aufsehen. Der Film „Himmel über Berlin" von Wim Wenders holt einen Engel aus dem Himmel in die verletzende Wirklichkeit.

In Lindenbergs Jeremias-Lied findet sich schließlich eine weitere besondere Wendung, die Eigensinn und Zuversicht vermittelt. Mit Blick auf Jesus, auf den „ersten" Messias, ist Lindenberg sich sicher, seinen göttlichen Auftrag in flexibler Weise erfüllen zu können. Wer diesen Gedanken zu Ende denkt, kommt zu einer Weisheit des christlichen Glaubens: Den eigenen Weg findet man, wenn man sich an Jesus orientiert und aus dessen Wirken Hoffnung schöpft.

Lindenberg übernimmt die Bildsprache für den Song aus der Bibel und mischt sie mit seiner Fantasie und sprachlichen Kreativität. „Berufungsberichte" nennt die Theologie jene biblischen Erzählungen, in denen ganz einfache Menschen mitten in ihrem Alltag von Gott mit einem besonderen Auftrag betraut werden. Die alttestamentlichen Propheten haben allesamt mehr oder weniger skurrile Berufungsgeschichten erlebt, bevor sie mit einem himmlischen Dienst beauftragt wurden. Jesaja etwa sah erst Gott auf einem Himmelsthron sitzen, bei ihm schwebten mächtige, sechsflügelige Engel. Einer kam mit einer glühenden Kohle zu Jesaja und berief ihn zum Propheten (in der Bibel nachzulesen in Jesaja 6). Einem Priestersohn namens Ezechiel erschienen vier riesige eiserne Engelsgestalten, von denen jede vier Gesichter hatte; in der Mitte brennende Räder und Gott auf seinem Thron. „Du Mensch, steh auf! Ich habe dir etwas zu sagen!", hört er eine Stimme. Er solle alle Menschen zum Gottesgehorsam ermahnen, fordert sie (Ezechiel 1–2). Und dem biblischen Jeremia zeigt Gott einen riesigen, siedenden Kessel und beauftragt ihn dann, er möge alles predigen, was er ihm gebiete (Jeremia 1). Manche biblische Berufungsgeschichte könnte als Vorlage für die stets gigantischen Bühnenbilder der heutigen Lindenberg-Mega-Shows dienen.

Was Lindenberg mit den meisten Propheten eint: Wie er stammten sie oft aus der Provinz und wurden dann in den Zentren des Landes zu Überbringern auch unbequemer Wahrheiten. Bevor Udo Lindenberg 1968 in Hamburg ankommt, macht sein Weg jedoch noch einige Schlenker. Nach der Schule beginnt er in einem Düsseldorfer Nobelhotel eine Ausbildung zum Kellner – beendet sie aber schnell wieder. Er spielt lieber Schlagzeug. In der Jazz-Szene ist er wegen seines präzisen Spiels sehr begehrt. Also reist er zwischen Amsterdam und dem Münsterland herum, verdient mehr und hat mehr Spaß als in der Lehre. 1963 macht ihm ein Musiker ein ungewöhnliches Angebot: ob er nicht mit auf Tournee nach Libyen kommen wolle? In den Clubs der amerikanischen Truppen könnte er spielen – 200 Dollar Gage im Monat. Lindenberg sagt zu und macht seine ganz eigenen Erfahrungen in dem fernen Land. Die Hitze macht dem Siebzehnjährigen körperlich zu schaffen, der viele Alkohol und die langen Nächte zermürben ihn. Ausflüge ins Rotlichtviertel von Tripolis sind erstmal prickelnd, auf Dauer jedoch unbefriedigend. Desillusioniert und ermattet, aber um viele Eindrücke reicher kehrt er nach Gronau zurück. Auf der Suche nach neuen Möglichkeiten lernt er den Bassisten Steffi Stephan kennen. Der wirbt ihn für seine Band an. Dass dies der Beginn einer lebenslangen Freundschaft und musikalisch äußerst produktiven Zusammenarbeit ist, ahnen die beiden wohl noch nicht. Lindenberg wird Schlagzeuger bei den „Mustangs". Die erste Single erscheint, auf der er zu hören ist, allerdings nur auf der B-Seite. „Das Glück und die Liebe" heißt der Titel. Stolz bringt Lindenberg die Single seiner Mutter Hermine mit – und träumt von einer Weltkarriere.

Drei Jahre später, das Jahr 1968 ist gekommen, will er die Karriere richtig angehen. Er trampt nach Hamburg. Auf der Reeperbahn, vor dem Café Keese, steigt er aus und taucht ein in die Stadt, die niemals schläft und in der sich Musiker und Musikerinnen einer höheren Kategorie tummeln. Schnell findet er Anschluss, wird Drummer bei der Folk-Rock-Gruppe „City Preachers" mit Sängerin Inga Rumpf (auf dem Foto ganz rechts, neben ihr: Udo Lindenberg). Er trommelt, lernt Menschen und St. Pauli kennen. Hohe Ansprüche an eine Bleibe hat er nicht, er

schläft auf Matratzen in Wohngemeinschaften. Musik ist ihm das Wichtigste. Sein Ziel ist es, Star zu werden, das gilt es jetzt zu erreichen. Bei einem Trip nach München lernt er den Jazz-Musiker Klaus Doldinger kennen; der ist begeistert von Lindenbergs Trommelkunst und engagiert ihn für seine Band „Passport". Einige Auftritte folgen, auch Studioaufnahmen. Unter anderem für eine neue ARD-weite Fernsehkrimi-Reihe. Der Bayerische Rundfunk schlägt als Titel „Tatort" vor, Doldinger schreibt die Titelmelodie und nimmt sie 1970 auf – mit Udo Lindenbergs präzisem, treibendem Schlagzeugsound. Nur zweimal minimal verändert, erzeugt sie bei den Krimifans seit mehr als 50 Jahren kribbelige Vorfreude.
Die Zeit bei Doldinger war auch aus einem anderen Grund wichtig. Lindenberg ist zwar erfolgreich und wird allseits wertgeschätzt, doch ihm schwant: Sein Ziel, Superstar zu

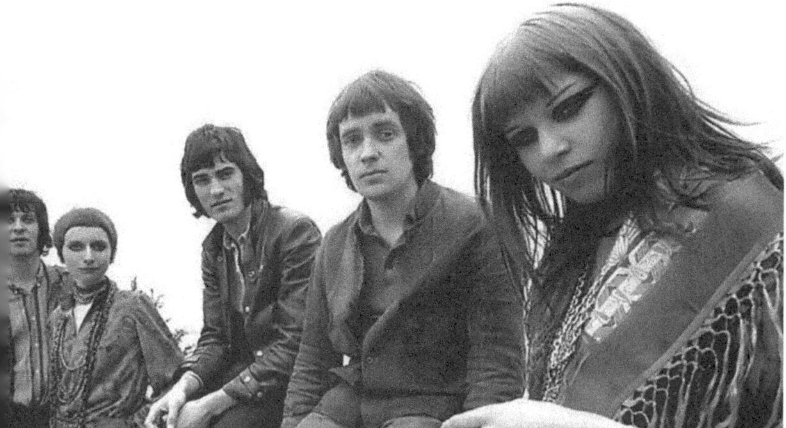

werden, wird er als Trommler kaum erreichen. Bei „Passport" darf er hin und wieder mal singen. Vielleicht ist das der Weg zum Ruhm?!
Dabei ist er mit seinem Gesang gar nicht zufrieden: „Dafür zahlt doch kein Mensch, so wie diese Stimme klingt", er habe doch eher eine Erzählstimme, denkt er und überlegt, ob er Unterricht nehmen sollte. Aber dann bemerkt er, dass seine Stimme offensichtlich doch „einen ganz unerklärbaren Reiz hat, den einige Menschen völlig erfolglos zu ergründen suchen". „Diese unheimlich geile, diese wahnsinnig schlimme" Stimme: Womöglich meint er seine eigene Stimme im Song „Rock'n'Roller" (1976): „Er sang so schmutzig wie der Dreck, den man unter seinen Fingernägeln sah."

Von einem seiner Mitbewohner bekommt Lindenberg eines Tages Bücher des Schriftstellers Hermann Hesse. Er beginnt zu lesen – und ist im Innersten berührt. Wie Hesse über den Lebenssinn und die Selbstfindung schreibt, über die innere Zerrissenheit, die einen Menschen befallen kann, und über die Suche nach Gott, das bewegt ihn tief. Er verschlingt Buch um Buch. Die Erzählung „Unterm Rad" gibt ihm Einblicke in das Schicksal eines Jugendlichen, der gegen sein inneres Wesen von allen Seiten ins bürgerliche Leben gedrängt werden soll und daran verzweifelt. Die Gefühle, die Hesse schildert, kennt Lindenberg: den „Kampf gegen die Enge der Umgebung, in die man hineingeboren war, die Sehnsucht nach was anderem, die Fluchtversuche, den Kampf ums Eigene. Noch nie hatte ich etwas gelesen, in dem ich mich so wiederfinden konnte, in dem meine eigene Situation so genau reflektiert wurde", erinnert er sich später und erkennt auch Gemeinsamkeiten mit Hermann Hesse: Hesse sei – wie er – „weggelaufen aus der Einbahnstraße, die sie für ihn in der Schule eingerichtet hatten". Beide hätten sie „Umwege gemacht, getrickst, die Erwachsenen beruhigt und getäuscht" – nur, um dann doch den „ganz eigenen Weg zu finden" und den „Traum von Leben und Kunst zu verwirklichen".

Dann liest er „Demian", eine Erzählung über die inneren Kämpfe auf dem Weg vom Kind zum Erwachsenen und ein flammendes Plädoyer für die Einzigartigkeit jedes Menschen. Jeder strebe danach, „ganz und gar er selbst zu werden", schreibt Hesse, und sei „ewig göttlich".

Als nächstes nimmt Lindenberg sich den „Steppenwolf" vor. Er begegnet Harry Haller, einem Mann, der von zwei Sehnsüchten fast zerrissen wird: zum einen der nach einem bürgerlich angepassten Leben, zum anderen der nach steppenwölfischer Wildheit und Abenteuer. Im „Magischen Theater für Verrückte" begegnet Lindenberg mit Haller der lebens- und lustvollen Hermine, die Haller bis an den Rand des Wahnsinns treibt. Und er begegnet dem Jazz-Saxofonisten Pablo, der Haller inmitten von Drogenrausch und Sexbegierden den Sinn der Musik erklärt: Es komme „in der Musik nicht so darauf an, dass man recht hat, dass man Geschmack und Bildung hat

und all das“, meint er, sondern darauf, „dass man musiziert, Herr Haller, dass man so gut und so viel und so intensiv wie möglich musiziert“. Am Ende führt Hesse seine Leserinnen und Leser zu der Erkenntnis, dass jeder Mensch nicht nur von zwei, sondern von viel mehr inneren Mächten hin- und hergerissen ist. Es gehe darum, sie miteinander zu versöhnen. Die Lektüre des Steppenwolfs beschreibt Lindenberg aus der Rückschau als „Erkenntnis-Exzess“, als einen „Trip ins eigene Unterbewusstsein zur Besichtigung der Über- und Unter-Ichs, die da mit ihren fatalen Wünschen und Begierden lauern“.
Mit seinen Ansichten wird Hesse für Lindenberg zum „großen Inspirator“. Keinem anderen Schriftsteller fühlt er sich so verbunden wie Hesse, er ist für ihn „Verwandter im Denken und im Herzen“. Es gehe im Leben nicht um das „Nachleben satter Bürgerlichkeit“, sondern um „Abenteuer, um Aufbruch ins Neuland“. Dazu sind Courage und Eigensinn nötig – und der Mut, ganz neue Wege zu gehen. Diese Suche beginnt mit der mitunter abrupten Ablösung vom Elternhaus und endet bestenfalls im Status des „highligen Individuums“.

Mit welchen Hindernissen dieser Entwicklungsweg gepflastert sein kann, erzählt Lindenberg in der wunderschönen Ballade „Er wollte nach London“. Es ist die Geschichte eines Jungen, der mit dreizehn zum ersten Mal von zu Hause wegrennt. Nach einer Nacht mit „komischen Gefühlen“ findet sein Vater ihn. Zwei Jahre später der nächste Versuch, nun klappts. Als er sicher ist, weit genug weg zu sein, ruft der Junge zu Hause an und beruhigt die

Eltern: Es sei „alles klar". Er schafft es bis nach London und Paris, erlebt viel. Doch wonach er eigentlich sucht, „das war ihm damals noch nicht klar". Ein Zeitsprung, vier Jahre später. Mit 19 ist der junge Mann reifer geworden. Zwar versteht er immer noch nicht, was es „mit dieser ganzen Schau" des Lebens auf sich hat, doch er ist sich selbst etwas nähergekommen. Er liest ein Buch von Hermann Hesse und meditiert.

Lindenberg selbst findet in Hesses „Siddhartha" erstmals positive Worte und neue Perspektiven für das, was er über Glaubensdinge denkt. Die Erzählung schildert den Reifungsprozess eines Menschen in religiöser Hinsicht. Lindenberg fühlt sich Siddhartha nahe, einem jungen Mann in Indien, der den Weg zur Erleuchtung findet. Hier ist nichts kleinkariert Kirchliches zu lesen, wundert sich Lindenberg – hier geht's ums Wesentliche. Hier findet er, was er selbst ahnt und empfindet. „Wenn nur die Hauptsache da ist, die Liebe, das Brennen, das Ergriffensein, dann ist es einerlei, ob du Mönch auf dem Berge Athos bist oder Lebemann in Paris", schreibt Hesse; man solle „nichts fürchten und nichts für verboten halten, was die Seele in uns wünscht".
Die Erzählung hält frömmlerischen Selbstgewissen und Engglaubenden die Tiefe eines weiten Glaubens entgegen. Ein Schlüsselsatz lautet: „Die Gottheit ist in dir, nicht in den Begriffen und Büchern. Die Wahrheit wird gelebt, nicht doziert." Mit diesem Glauben hatte Hermann Hesse auch seinen strenggläubigen Eltern ins Stammbuch geschrieben: „Stets habt ihr Gott gesucht, aber niemals in

euch selbst. Er ist nirgends sonst. Es gibt keinen anderen Gott, als der in euch ist."
Gott wohnt nicht im Himmel, sondern im Menschen. Heilig seien keine herausgehobenen Menschen, nein, „jeder Mensch ist heilig, wenn es ihm mit seinen Gedanken und Taten wirklich Ernst ist". Gott und die Welt sind in diesem Glauben keine Gegensätze mehr. Alles ist eins. Die Welt ist von Gott erfüllt – was den Superfrommen schwerfällt zu glauben. Wer religiös ist oder regelmäßig zur Kirche geht, kann sich nicht sicher sein, dort Gott anzutreffen. Denn hinter den Fassaden der religiösen Institutionen, auch des Christentums, herrscht oft Gottlosigkeit. Mit dieser mystischen Art des Glaubens kann Lindenberg viel anfangen. Sie beinhaltet Kirchenkritik, ohne den Glauben anzutasten. Mehr noch: Sie befreit den Glauben von den Fesseln vorgefertigter Ideen oder Lehrsätze. Wer in dieser Weite glaubt, dem füllen sich die Begriffe der Religionen, auch des Christentums, in neuer Weise.

Durch „Siddhartha" begegnet Lindenberg auch erstmals eine Alternative zur christlichen Vorstellung vom Leben nach dem Tod: die Reinkarnation, ein ewiger Kreislauf von Wiedergeburten in unterschiedlichen Zeiten und unterschiedlichen Verkörperungen. Lindenberg ist aufgewühlt. Man spürt es noch in einem Song, den er 1972 auf seiner ersten deutschsprachigen Langspielplatte veröffentlicht. „In den dunklen tiefen Gängen der Vergangenheit" heißt er. Lindenberg geht das Thema sehr poetisch an, es scheint, als verbiete die Ernsthaftigkeit des Themas ihm jeden coolen Spruch. Zu wabernden Gitarrenklängen und ohne Schlagzeug singt er von „Nebelschwadenbildern", die ihm erscheinen, „fremd und doch irgendwie vertraut, als hätte man das schon mal erlebt". Vom „Labyrinth der Zeit" singt er, versetzt sich Millionen Jahre zurück in eine Blume in einem Lavasee, dann in eine Libelle, in einen Wüstenwolf, einen Fisch und in einen „Vogel im Farbenrausch", der über einen „tosenden Vulkan" fliegt. „Vielleicht existiert jedes Leben immer weiter, nur die Formen verändern sich", sinniert er in Hesse'scher Manier.

So sehr identifiziert er sich mit Hesses Romanfigur Siddhartha, dass er es ihm gleichtut und sich an einen Fluss setzt, an die Elbe – in der Hoffnung auf Erleuchtung. Auch zu dieser Erfahrung schreibt er einen Song, diesmal auf Englisch: „The River". Darin beschreibt er den Fluss als sein

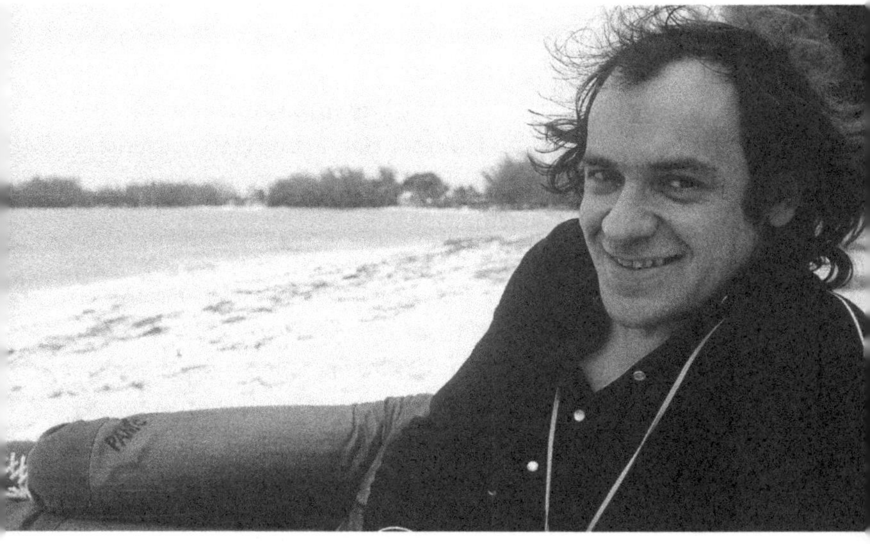

„wahres Zuhause", als „Freund und Lehrer zugleich". In den Wellen hört er „das Lachen und das Weinen", zudem unzählige Stimmen, etwa die „letzten Atemzüge der Sterbenden und das Lachen des Lebens". Am Flussufer sitzend sieht er sogar seinen „freundlichen alten Vater" und begegnet seiner „warmherzigen und fürsorglichen Mutter, und schließlich – fließen alle Bilder und Stimmen ineinander". „Der Fluss des Lebens kennt nur ein Ziel", so Lindenbergs Erkenntnis: „das Meer – der ewige Kreislauf des Lebens".

Hesse hat Lindenberg im Griff. Er ist im Lebenslern-Modus. In seinem Kopf kreisen Gedanken rund um Askese, Selbstverleugnung und Erleuchtung. Gleichzeitig lernt er das pralle Leben in der Großstadt Hamburg kennen – mit sämtlichen Freuden und Abgründen. Womöglich spürt er: Dieser Spagat ist nur mit Humor zu ertragen. Mit jenem „höheren Humor", den auch Hesse beschreibt; er beginne damit, „dass man die eigene Person nicht mehr ernst nimmt". Ernst nehmen will Lindenberg sich und seine Wünsche zwar schon noch, doch er möchte humorvoll durchs Leben gehen. Das bedeutet nicht, auf Kosten anderer Witze zu machen, um schnelle Schenkelklopfer einzuheimsen. Es geht eher darum, die Kunst der Selbstironie nicht zu vergessen. Über sich selbst zu lachen, kann befreien und schützt davor, in Panik zu verfallen.

Am besten gelingt ihm das, wenn er getrunken hat. Eines Morgens nach „melancholischer" durchzechter Nacht liest er einen Text, den er geschrieben hat. „Hoch im Norden, hinter den Deichen bin ich gebor'n", beginnt er und erzählt die Geschichte eines Jungen, der in der wunderschönen, aber ereignislosen Provinz irgendwo am Meer aufwächst. Mit 16 hat er genug und nimmt „den nächstbesten in den Süden fahrenden Zug". Nach einer Weile merkt er, dass es auch dort nicht „das Gelbe vom Ei" ist, und sehnt sich danach, mal wieder auf einer Nordseedüne zu sitzen. „Das kann ich doch nicht öffentlich singen", denkt sich Lindenberg, „das ist ja so was von gestört". Doch er fasst Mut, legt eine Melodie drunter und singt den Song einigen Leuten vor. Die sind „hoch amüsiert", auch über Lindenbergs Wortwitz. Und über „Herrn Hansen, der der Chef vom Leuchtturm war" und den Jungen mit dem Spruch begrüßt: „Keine Panik auf der Titanic, jetzt trinken wir erstmal einen Rum mit Tee." Der Song wird produziert. Mundharmonika, Akkordeon und Wellenrauschen verleihen ihm rockig-musikalisches Meeresflair. Ein NDR-Redakteur entdeckt und spielt ihn. Viele schmunzeln und wollen das Lied immer wieder hören. Und werden aufmerksam auf diesen seltsamen Newcomer, der so ungewöhnliche deutsche Lieder singt. Und Lindenberg lernt eine Lektion: Mit wabernd tiefsinnigen Songs aus der Esoterik-Ecke wird er kein Superstar. Die Leute stehen auf Geschichten – klug und phrasenfrei erzählt, ohne Herz-Schmerz-Reim, aber mit fantasievollem Humor.

Keine Panik, denkt sich Lindenberg, der Traum vom Karriere-Kick könnte tatsächlich wahr werden.

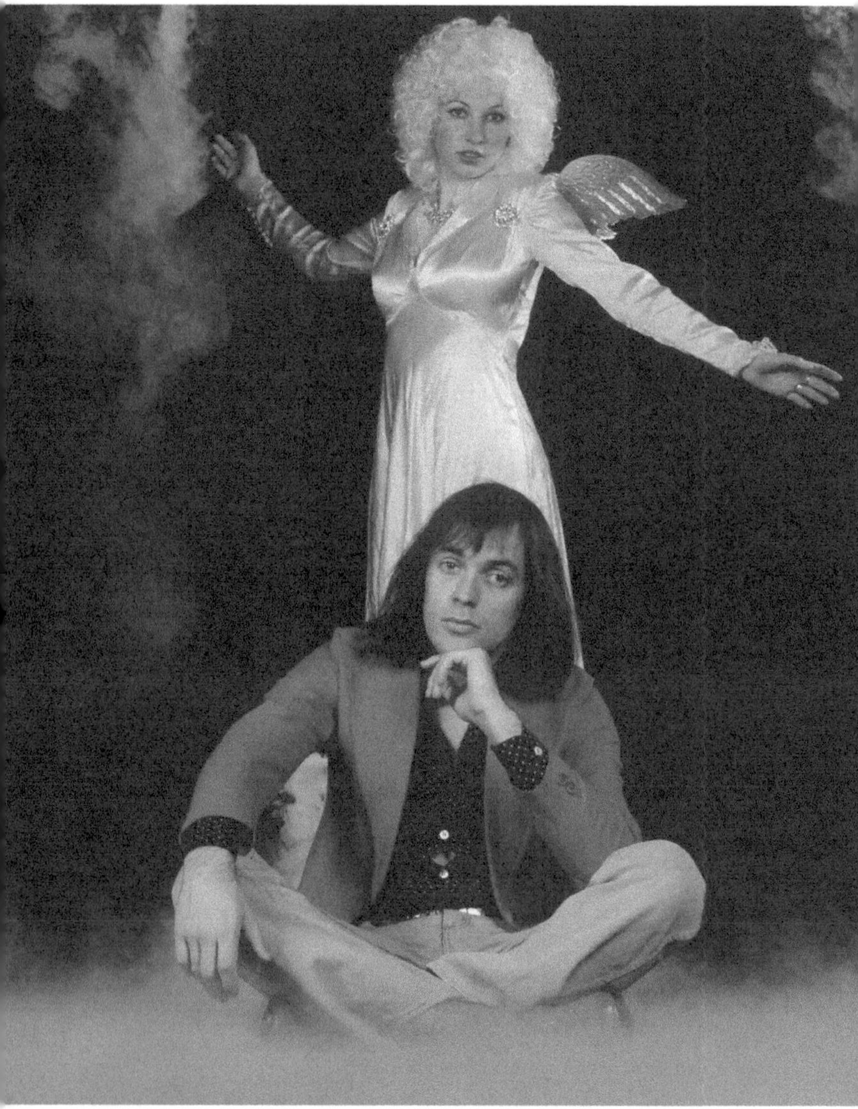

3
Selig sind die Thekengänger

Das Udo-Universum aus Heiligen, Sündern und der Panik-Familie

Eine Nebelbank vor New York, 25. Juli 1956: Der Luxus-Liner „Andrea Doria" kollidiert mit dem schwedischen Passagierschiff „Stockholm". 1660 Menschen werden gerettet, 46 sterben. Nach elf Stunden sinkt das Schiff. „Keine Panik auf der Titanic!", hatte Udo Lindenberg schon im Song „Hoch im Norden" geraten. Ein frommer Wunsch, wenn der Luxusliner, auf dem man gerade reist, geradewegs auf einen Eisberg zusteuert. Nun versetzt Lindenberg sich auf das nächste Katastrophenschiff. „Alles klar auf der Andrea Doria". Die Passagiere fühlten sich sicher und ahnten nicht, was ihnen bevorstand. Auch die, die in einer der Schiffskneipen saßen, nicht. Sicherlich hätten sie lauthals mit „Ja, alles klar!" geantwortet und weiter ihre Gläser gehoben.

So wie die Runde, die im Jahr 1972 an der Theke der Musikkneipe „Onkel Pö" in Hamburg-Eppendorf sitzt. Haldoris und Schüchterne, Großkotzige und Möchtegerne,

Mühselige und Beladene, Gewinner und Verlierer – vereint in der Erfahrung: In der Kneipengemeinde lässt sich das Leben besser ertragen. Mit Alkohol noch besser. Udo Lindenberg ist oft Gast im „Onkel Pö". Dort lernt er Menschen kennen, beobachtet Situationen, heckt mit Kumpels Pläne aus, macht sich Gedanken über die eigene Karriere und das, was ihm wirklich wichtig ist. Zwischendurch fallen ihm Textzeilen ein, er schreibt sie auf Bierdeckel. Der Alkohol beflügelt die Fantasie und treibt sie zu ungeahnten Wortschöpfungen. Im Song „Alles klar auf der Andrea Doria" beschreibt er das Treiben im „Onkel Pö" in all seiner Schrägheit: Ein Groupie, „Rosa oder so" heißt sie, tanzt dort auf dem Tisch „Gogogo". Eine Frau namens Paula – sie stammt aus dem Stadtteil Sankt Pauli –, die sich „immer auszieht", ist auch da. Eine andere, Leda, „träumt von einem Pelikan". Lola hat Geburtstag und alle trinken darauf, „dass sie wirklich mal so alt wird, wie sie jetzt schon aussieht". In der Nische schockiert ein Mann seine Braut. Ein anderer denkt, er sei ein Astronaut. Und mittendrin spielt unbeirrt Gottfried, der Klavierspieler, Ragtime. „Ich glaub, dass unser Dampfer bald untergeht", singt Beobachter Lindenberg, der offensichtlich irgendwie dabei ist, aber doch Distanz wahrt – und ironisch feststellt: „Und trotzdem ist alles klar auf der Andrea Doria." Der wilde und ungewohnte Wechsel von Dixieland-Sound und Rock-Gitarren verleiht dem Song Beschwingtheit und einen Drive, der sofort ins Blut und in die Tanzbeine geht.

Es fällt auf: Lindenberg begegnet den seltsamen Gestalten im „Onkel Pö" mit großem Herzen und viel Sympathie.

Das Leben an der Theke wird unversehens zum Spiegelbild der ganzen Gesellschaft, in der sich Neurotiker und vermeintliche Normalos mischen. Die Kneipe wird aber auch zur lebendigen Lehrstunde dafür, wie wichtig Gelassenheit und Toleranz sind, um in aller Unterschiedlichkeit Frieden zu wahren.

Der Text kommt leicht und sprücheklopferisch daher. Niemand traut dem schnoddrigen Typen aus Gronau zu, viel darüber nachgedacht zu haben. Alles locker und lustig, oder wie? Ja, schon. Aber nicht nur. Wie wäre es eigentlich, wenn der Text aus der Feder etwa des Literaturnobelpreisträgers Bob Dylan geflossen wäre? Dann hätten ihn Edelfedern der hochkarätigsten Feuilletons seziert und wären in Jubel über seine kreativ zusammengesetzten intellektuellen Tiefen verfallen. Das hätte sich dann so gelesen:

„Auch wenn er es seinen Kritikern leicht zu machen scheint: Niemand unterschätze Lindenberg! Hier stellt ein Genie sein profundes Wissen über Mythologie, Philosophie und Ethik bewusst unter den Scheffel eines scheinbar nur oberflächlich beschreibenden Songs. Lindenberg gönnt seinen Hörerinnen und Hörern die intellektuelle Lust, den Inhalt erst beim wiederholten Hören enträtseln zu können. Er ist der Leonardo da Vinci der Postmoderne. Wie das Maler-Genie fünf Jahrhunderte zuvor in den Kneipen und Gassen Mailands Beobachtungen sammelte und in einem Notizbuch festhielt, um sie in seine Bilder aufzunehmen, so sammelt auch Lindenberg Eindrücke, aus de-

nen er dann vom Leben und der Hamburger Wirklichkeit durchdrungene – musikalische – Gemälde komponiert. Da Vinci zog durch eine neue Perspektiv-Technik die Betrachter zum Beispiel mit zu den Jüngern an den Tisch des letzten Abendmahls. Lindenberg gelingt es durch seine Erzähltechnik, die Hörer nolens volens mitten ins ‚Onkel Pö' hineinzuversetzen, wo die Menschen wie auf einem havarierten Luxusliner unwissentlich dem Untergang entgegenzufahren scheinen.

Was für ein treffendes Bild für die Selbstgefährdung des fortschrittsfixierten hedonistischen Lebensstils der Industriegesellschaften, die mit ihrem ungebremsten Ressourcenverbrauch die Erde letztlich dem Untergang weihen. Lindenberg wäre nicht Lindenberg, würde er diese Botschaft nicht mit fein portionierten Erkenntnissen etwa der Tiefenpsychologie spicken. Vom ‚Onkel Pö' ist es nicht weit zum ‚Magischen Theater', das Literaturnobelpreisträger Hermann Hesse im Jahrhundertroman ‚Der Steppenwolf' beschreibt. Ja, auch im ‚Onkel Pö' finden sich Verrückte und Archetypen menschlicher Wesen; unbewusste Triebe regen sich und apokalyptische Visionen erscheinen, wie sie aus allen Kulturen als Folge der Einnahme rauschhafter Substanzen bekannt sind.

Die nackte Paula ist unschwer als Symbol für die angstfreie Offenbarung des wahren Ichs zu deuten. Die Namenswahl wird kein Zufall sein: Sie bringt den heiligen (‚Sankt') Paulus ins Spiel – jenen christlichen Heidenapostel, nach dem der Hamburger Sündenpfuhl-Stadtteil benannt ist. Paulus, der die Zerrissenheit menschlicher Existenz und dessen Erlösungsbedürftigkeit so klar wie kaum

eine andere Gestalt der Antike formulierte: ‚Das Gute, das ich will, das tue ich nicht; sondern das Böse, das ich nicht will, das tue ich' (Bibel, Römerbrief 7,19). Mit dem Bezug auf Paulus thematisiert Lindenberg auch die Ambivalenz der Freiheit aus christlicher Sicht: ‚Alles ist erlaubt, aber nicht alles dient zum Guten' (1. Korintherbrief 6,12).
Lindenberg entpuppt sich jedoch nicht nur als versierter Bibelkenner, auch in der Gedankenwelt der griechischen Mythologie ist er offenkundig zu Hause. Kühn versetzt er die mythische Gestalt Leda aus dem Götter-Olymp ins ‚Onkel Pö'. Zur Erinnerung: Einst erschien ihr der Gott Zeus in Gestalt eines Schwanes und schwängerte sie. Lindenberg lässt Leda nun von einem anderen Tier träumen: einem Pelikan, einem in der christlichen Kunst verbreiteten Symbol für Jesus Christus und das Abendmahl. Ein versteckter Hinweis auf die Heiligkeit der Szenerie: Christus ist nicht nur bei denen, die ihm einst nachfolgten; er ist auch inmitten jener bunten Scharen, die sich heute in Kneipen und an all den anderen, gerne mal naserümpfend ‚weltlich' genannten Orten versammeln, die den Maßstäben bürgerlicher Moral so gar nicht entsprechen.
Kurzum: Das Universum alltagspraktischer, ethischer und philosophischer Themen, das Lindenberg in seinem Song von der ‚Andrea Doria' öffnet, ist wahrlich unerschöpflich. Die Welt hat viel von diesem Genie zu erwarten."

Doch Lindenberg ist nicht Dylan und hat sich in Deutschland erst mühsam Terrain zu erkämpfen. Die deutschsprachige Rock- und Popmusik ist fest in den Händen der Schlagerbranche. In der ZDF-Hitparade geben sich Sängerinnen und Sänger, denen nichts ferner liegt als heiße gesellschaftliche Eisen anzufassen, ein Stelldichein. 1973 sagt Moderator Dieter Thomas Heck dort Rex Gildo mit „Fiesta Mexicana" an, das Duo Cindy und Bert trällert „Immer wieder sonntags", Bernd Clüver besingt den „Jungen mit der Mundharmonika" und Demis Roussos schmachtet „Goodbye, My Love, Goodbye".
In diese Szenerie poltert Udo Lindenberg im Sommer 1973 mit seiner Langspielplatte „Alles klar auf der Andrea Doria" hinein. Auf dem Cover ein ziemlich skurriles Foto aus dem Tourbus des „Panik-Orchesters", wie Lindenberg seine Band nun nennt. Er sitzt neben dem Fahrer, schenkt sich Schampus ein und liest die sowjetische Tageszeitung „Prawda". In den Songs der LP geht es um knisternde Erotik, Rock'n' Roll und homosexuelle Liebe. Lindenberg erzählt berührende Geschichten, zum Beispiel von seiner Liebe zu einem „Mädchen in Ostberlin" oder von einem alten Seemann, der beim Rum auf sein Leben zurückblickt; (Nicht-nur-)Ulk-Songs wie „Jeremias" und „Andrea Doria" sind zu hören und die Geschichte vom Jugendlichen, der von zu Hause abhaut und schließlich Hermann Hesse liest.

In jeder Hinsicht ist klar: Mit Udo Lindenberg hat die deutsche Rockmusik einen Quantensprung gemacht. Das sehen nicht nur Insider so. Die Platte erklettert die Charts

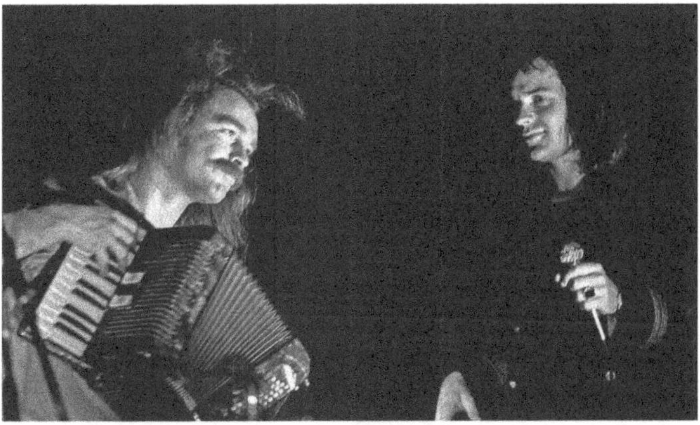

Mit Gottfried Böttger 1974 in der Hamburger Musikhalle

und verkauft sich über 100 000 Mal. Die Plattenfirma TELDEC nimmt Udo Lindenberg unter Vertrag – für sagenhafte eine Million D-Mark. Ein klares Zeichen: Er hat die nächste Stufe auf dem Weg zum „Superstar" erklommen. Und er hat sich und den deutschen Musikkritikern bewiesen: Die deutsche Sprache kann sehr wohl echte Gefühle ausdrücken – auch abseits von Herz-Schmerz-Themen. Lindenberg hat es den „Schlagerfuzzis" und „Verblödungssängern" gezeigt. Er säuselt den Menschen nicht um den Bart, er schaut wie weiland Martin Luther dem Volk aufs Maul. Seine Songs seien „intelligenter und ehrlicher" als „Schlagerdeutsch", erklärt er sich den Erfolg – und erntet in ernsthaften Musikzeitschriften beste Kritiken. „Seit er die Schlagzeugstöcke mit dem Mikrofonständer getauscht hat, sind die Leute ganz geil darauf", schreibt etwa die Zeitschrift „Musiksounds" und feiert die LP „Alles klar auf der Andrea Doria" als „eine Mixtur von musikalischem

Eintopf und Anti-Schlager-Jargon, zu einem leichtverdaulichen Süppchen gekocht".

Lindenberg gehen die Ideen nicht aus und der Band nicht die Spielfreude. Die nächste LP erscheint im Jahr darauf: „Ball Pompös" enthält weitere musikalische Kunstwerke, wunderschöne Balladen („Leider nur ein Vakuum"), kernige Rocksongs („Candy Jane") und die Geschichten von Menschen mit ulkigen Namen: „Gerhard Gösebrecht", „Johnny Controlletti" und „Rudi Ratlos" – ein achtzigjähriger Geiger, der einst „Leibmusikalartist von Adolf Hitler und Eva Braun" war und nun zum Tango aufspielt. Der Name „Hitler" in einem deutschen Rocksong der Unterhaltungsbranche? Lindenberg klammert kein Thema aus, auch nicht die dunkle Vergangenheit Deutschlands.

Damit das Publikum den angesichts der Wendungen der eigenen Lebensgeschichte ratlosen Geiger auch zu sehen bekommt, engagiert Lindenberg für seine Shows geeignete Schauspieler. Immer mehr Gestalten bevölkern künftig die Bühne, eine bunte Mischung aus liebenswürdigen Figuren, die trotz ihrer manchmal seltsamen Eigenheiten eines gemeinsam haben: Sie stehen zu sich, zu ihrem Scheitern und zu ihren Talenten – und oft finden sie auf fantasievolle Weise einen Ausweg aus Krisensituationen: Riki Masorati und Bodo Ballermann, Elli Pyrelli und Votan Wahnwitz, Jacques Gelee und Coolman, „der Detektiv,

der niemals schlief". Lindenbergs Botschaft: So bunt ist die Menschheit, jeder und jede eine ganz eigene Persönlichkeit, die es wertungsfrei zu achten gilt. Menschen mit liebenswürdigen Ticks und Eigenheiten, die je ihr eigenes Kreuz zu tragen haben und versuchen, sich selbst näherzukommen, mal mit mehr, mal mit weniger Erfolg.
Würde die Bibel fortgeschrieben, würden diese Gestalten vielleicht Aufnahme finden, denn sie passen gut zu denen, die auch in der „Heiligen Schrift" so auftauchen. Menschen, die aus dem Raster des vermeintlich Normalen fallen, die mit sich selbst und den Lebensumständen hadern, oft ihren eigenen Ansprüchen nicht gerecht werden und dennoch versuchen, ihren Weg weiterzugehen. Keine Heiligen, wohl aber authentische Menschen mit Stärken und Schwächen: Eva, die Eigensinnige. Noah, der Trunkenbold. Jakob, der Lügner. Josef, das Missbrauchsopfer. Mose, der Stotterer. Muttersöhnchen Samson, der Frauenheld. Rahab, die Prostituierte. David, der königliche Fremdgeher und Mörder. Elia, der Depressive. Jona, die Bangebüx, die vor Gott davonlief. Petrus, der seinen Herrn Jesus verleugnete. Die Jünger, die, statt auf Jesus aufzupassen, einschliefen. Maria Magdalena, die Besessene. Die Ehebrecherin aus Samarien. Der rauschhaft abgedrehte Visionär Johannes. Das biblische und das Universum des Udo Lindenberg sind nicht weit voneinander entfernt.

Kein Wunder also, dass Lindenberg eines der schönsten Bücher der Bibel sogar auf seine ganz eigene Weise in einem Lied verpackt.

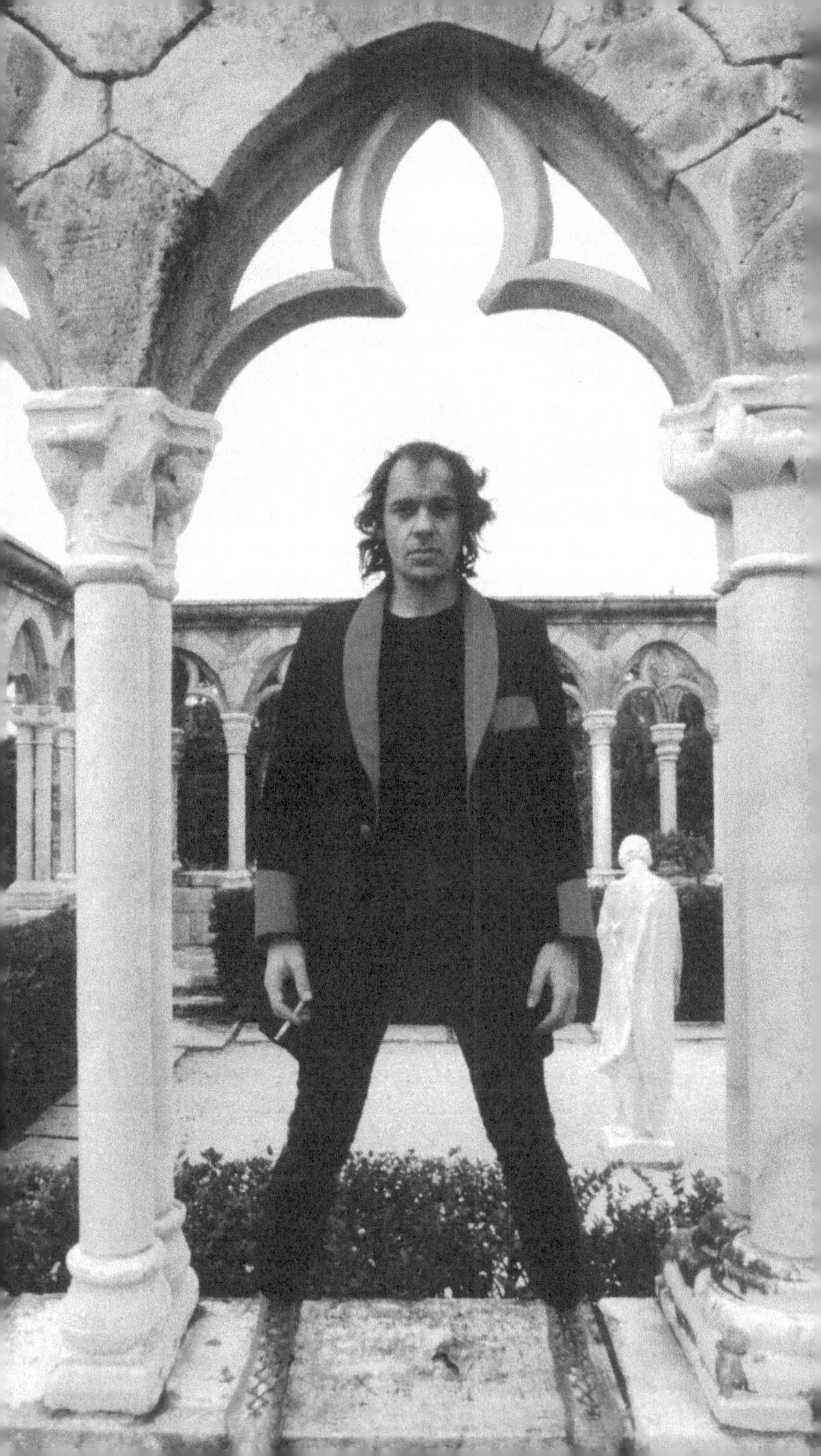

4
Das Hohelied Lindenbergs

Sex & Love & großes Gefühlskino

„Deine Brüste wie Gazellen auf den Höhen des Libanon [...]. Einer Schale, der niemals edler Wein fehlen soll, gleicht dein Schoß, süßes Mädchen. Will mich freuen an deinen Brüsten, welche reifen Trauben gleichen." Das gab es noch nicht bei Udo Lindenberg: keine coolen Sprüche, nein, erotische Poesie auf Weltliteratur-Niveau. 1995 erscheint der Song „Salomon (Das Hohe Lied)". Lindenbergs Duettpartnerin ist die israelische Sängerin Esther Ofarim. Noch eine Besonderheit: Der Text des Songs wird eigentlich König Salomo zugeschrieben, dem weisen Herrscher aus der Bibel. Sein „Hoheslied" ist eine Sammlung von Liebesgedichten, in der der König und seine Geliebte Sulamith sich ziemlich unverblümt anschmachten. Erotik pur, mitten in der Bibel, und Gott scheint überhaupt nichts dagegen zu haben. Zumindest kommen die Wörter „Gott", Gebet oder Glaube hier nirgends vor. Stattdessen werden körperliche Lust und seelische Ekstase des jungen Liebespaares in überbordenden Versen vor den Leserinnen und Lesern ausgebreitet. Da geht es um Lust und Leidenschaft, um runde Hüften und wohlgeformte Brüste, um nackte Körper und triefende Lippen. Und um die Einsicht: „Liebe ist stark wie der Tod." Wer jemals behauptet, lustvoller Sex und Glaube passten nicht zusammen, kann mit dem „Hohenlied" in der Hand das Gegenteil beweisen.

Lindenberg sucht sich ein paar schöne Stellen heraus, singt vom „Schoß" und den gazellengleichen Brüsten der Liebsten. Esther Ofarim haucht dazu betörend auf Hebräisch: „Komm, mein Geliebter, betritt deinen Garten! Komm doch und iss seine köstlichen Früchte." Das alles ist unterlegt – nein, nicht mit Gitarrenrock, sondern mit orientalisch anmutender Elektro-Pop-Musik. Die Kritiker sind mittelschwer entgeistert ob dieses Lindenberg'schen Werkes. Ist das ein Altersphänomen? Bei Sex denkt der bald 50-Jährige nun an die Bibel?!? Oder will er vielleicht mit dem Vorurteil aufräumen, er sei der Frauenheld schlechthin?
Dabei hatte er doch schon 1975 in seinem Buch „Von Albert Alptraum bis Votan Wahnwitz" klar zu Protokoll gegeben, dass er auf dem Gebiet der Sexualität viel dazugelernt habe. Schon damals war ihm klar geworden: „Möglichst sollte es nicht nur so ein mechanisches Bumsen sein, bei mir gehört auch eine starke menschliche Bindung dazu. Als ich jung war, hab ich immer nur so rumgehurt und rumgesoffen. Mir haben sie immer gesagt: Du musst viel bumsen und viel schlucken, dann bist du auch 'n richtiger Kerl. Aber ich hab das inzwischen irgendwie bereut."

Dass es in der Bibel auch prickelnde Erotik gibt, dürfte Lindenberg im Gronauer Konfirmandenunterricht noch nicht gehört haben. Eher wird da vom „Sündenfall" und von Adam und Eva die Rede gewesen sein, die der verbotenen Frucht nicht widerstehen konnten. Und davon, dass alle Menschen seitdem in Sünde leben – die sich ominöserweise mit Hilfe der Sexualität von Generation zu Generation überträgt. Eine merkwürdige Vorstellung, die sich über die Jahrhunderte hartnäckig gehalten hat. Der vermeintlich sündigen Lust werden die gottgewollte „reine" Liebe und Keuschheit entgegengesetzt. Diese Vorstellung aber hat gleich einen doppelten Makel: Sie passt schlecht zum göttlichen Befund, dass die Schöpfung (inklusive menschlicher Liebe) gut, ja sehr gut geraten sei. Und sie hält der menschlichen Wirklichkeit nicht stand.

Die Diskrepanz zwischen Anspruch und Wirklichkeit gerade in der römisch-katholischen Kirche empfinden viele als Skandal. Sie bietet Künstlern wie Comedians ein dankbar weites Feld. Auch Udo Lindenberg beackert es mit Freude. „Das muntere Gevögel, das bleibt hier tabu!" Diesen Ausspruch legt er 1991 im Song „Benedictum – Benedactum" dem Papst in den Mund. Und die Strophe geht noch weiter: „... es sei denn im Dunkeln und ganz geschwind, gezeuget sei das Katholenkind." Das klingt frech und flapsig – ein sarkastischer Kommentar zur alten, eigentlich überholten katholischen Auffassung, dass Sexualität nur zum Zwecke der Zeugung erlaubt sei. „Der weiße Blitz aus Rom – keine Pille, kein Kondom": Lindenberg ärgert sich außerdem darüber, dass diese Verhütungsmethoden offiziell noch immer nicht von der katholischen Kirche akzeptiert werden. Wenn die lustvolle Sexualität in die Schranken gewiesen wird, kommt es zu einer „Schein-Highligkeit", die Christinnen und Christen – auch Kleriker – an den Rand der Verzweiflung bringt.

Lindenberg setzt das in seinen Bühnen-Shows gigantisch in Szene. Doch wenn sich darin Nonnen und Mönche aus den himmlischen Höhen der Kulissen abseilen und dann auf der Bühne die Kutten lüften, führt keineswegs nur der Wille zur Provokation Regie. Priester, Bischöfe und Ordensleute, die unter ihrem Habit Strapse tragen, die sich in grenzenlosen Lustorgien von der Last ihres Keuschheitsgelübdes befreien, Mann mit Mann, Frau mit Frau, Frau mit Mann; zwei Kardinäle, die heiraten – auch dieser Teil der Bühnenshow ist genau durchchoreografiert. Bevor diese Szenen umgesetzt werden, durchdenkt Lindenberg sie mit seinem Team lange und intensiv. Es ist ihm wichtig, „keine religiösen Gefühle durch billige Polemik oder überflüssigen Klamauk zu verletzen, sondern vielmehr ein authentisches und politisches Statement abzugeben", weiß der katholische Gemeindepfarrer Karl Schultz, mit dem Lindenberg sich auch zu solchen Fragen berät. Über das detailbesessene Interesse Lindenbergs sei er erstaunt gewesen, schreibt Schultz in seinem Buch „Zwischen Kirche und Kiez". Lindenberg ist kein Kirchenhasser. Seine Songs und Shows sind plakative, aber wohlbegründete Kommentare zur derzeitigen Situation und Glaubwürdigkeitskrise der katholischen Kirche – die nicht zuletzt mit dem Thema irregeleitete Sexualität zu tun hat.

Lindenbergs Kritik geht allerdings nicht so weit, dass er Liebe und Kirche gar nicht in einen guten Zusammenhang bringen kann. Im Liebeslied „Bis ans Ende der Welt" stellt er seiner Geliebten eine Hochzeitsreise in den Vatikan in Aussicht: „Die Hochzeit feiern wir in Panik-Manier im Petersdom!" Es wirkt fast wie ein Vorhaben: Lasst uns den Petersdom erobern und zum Ort machen, an dem wir uns und der Welt unsere Liebe und Leidenschaft zeigen! Ein anderes Mal, im Song „Göttin sei Dank" (2016), scheint Lindenberg so schwer verliebt, dass er in der Geliebten seine „vom Himmel gesandte Komplizenbraut" sieht; sie sei die Krone, die Gott der Schöpfung aufgesetzt habe. Eigentlich sei er Atheist, doch sie habe ihn „gläubig geküsst". „Du bist meine Göttin", schwelgt er sie an, „ich spreche deinen Namen aus wie ein Gebet."

So hemmungslos verliebt wie in diesem Song zeigt er sich allerdings nicht oft. Schildert Lindenberg die Liebe, dann endet das oft traurig oder gar tragisch. Der Song „Sie liebten sich gigantisch" ist in dieser Hinsicht ein Meisterwerk: Er beschreibt in gut vier Minuten die Geschichte vom bitteren Ende eines großen Verliebtseins. Auf der Straße waren sie sich begegnet, es war Liebe auf den ersten Blick, „und der Himmel wusste vor lauter Geigen überhaupt nicht mehr wohin". Die beiden zogen sofort zusammen. Doch „irgendwann war der Rausch vorbei, sie wurden langsam wieder clean". Kaum waren die Schmetterlinge der ersten Stunde davongeflogen, entdeckten sie immer mehr Fehler am anderen, begannen aneinander herumzuerziehen und sich den anderen nach den eigenen Wünschen zurechtzubiegen. Und plötzlich ist nichts mehr übrig von der großen Liebe: „Sie liebten sich gigantisch und waren so abgetörnt wie noch nie", sie schrien sich an und beschimpften sich: „Ach du, du Penner, du Fuzzi, du Ultraidiot!"

Im Song „Frau Lindi" (1985) stellt sich Lindenberg vor, vom Arzt eine Ehefrau verschrieben zu bekommen. Die Bestellung gibt er in einem Ehe-Institut ab. Die Wunschfrau: eine „sizilianische Madonna, klosterclean und unberührt, die mich als reißender Vamp zehnmal täglich attackiert". Sie soll ihm so treu sein, dass sie „keine Götter neben" ihm hat, andererseits soll sie seine „anderen Frauen" als neue Freundinnen akzeptieren. Lindenberg nutzt das Privileg und die Narrenfreiheit eines Künstlers, der so charmant-provokant naive Männerfantasien äußert, dass es ihm kaum übelgenommen werden kann.

Die Freiheitsliebe des Udo Lindenberg scheint jedenfalls größer als der Wunsch nach einer konventionellen Beziehung. Im Song „Flipper" geht es um die Trennung von einer Frau, die er offensichtlich sehr liebt. Warum? Er hat Angst, sonst für immer bei ihr „kleben" zu bleiben. Dann zählt er auf, was er noch alles unternehmen möchte – Dinge, die nur ungebunden gehen: „Ich muss doch erst noch den Amazonas runterrudern mit 'ner wilden Dschungelbraut [...]. Und außerdem mit meinen Rock-'n'-Roll-Komplizen immer wieder müde Menschen wecken." Herzzerreißend schildert er den Abschied von dieser Frau, die sich unter Tränen anhören muss: „Ich gehör' zwar zu dir, trotzdem haut das nicht hin, weil ich doch leider nur ein Flipper bin!" Dem Magazin „Playboy" verriet Lindenberg einmal, dass er sich in einer Beziehung „angeschraubt fühlen würde" und wohl „zu flatterhaft" für eine konventionelle Partnerschaft sei. Heiraten war deshalb nie eine Option für ihn. Er mache alles „Freistil, aus der aktuellen Laune heraus, intuitiv. Vielleicht bin ich der letzte Sponti, den es gibt, frei vom großen Angeschnalltsein". Und wenn heiraten, dann mit dem Gelöbnis: „Ich geh' mit dir durch dick und dünn, aber nicht durch dick und doof" – so singt er im Liebeslied „Gegen die Strömung". In Panik-Manier ist er allerdings seit Jahren liiert mit der Fotografin Tine Acke. Sie hat beeindruckende Fotos von Lindenberg gemacht (s. S. 120, 129); in drei Bildbänden hat sie die letzten großen Tourneen dokumentiert.

Lindenberg schafft es, bei seinen Hörern in kürzester Zeit das Kopfkino anlaufen zu lassen. Die Hauptfiguren, die dort in Erscheinung treten, sind nicht nur die schrägen Gestalten, von denen er erzählt, sondern es sind eigentlich die Hörerinnen und Hörer mit ihren eigenen Lebens- und Liebeserfahrungen und den eigenen, oft widerstrebenden Sehnsüchten nach Freiheit und Geborgenheit, mit dem eigenen Jammer und Jubel. Wie Lindenberg den Filmprojektor in Gang setzt? Mit einfachen, aber emotionalen Melodien und eigenwillig-intelligenten Texten in einer natürlichen Sprache. Hinzu kommt seine im

Laufe der Jahre an Drinks, Zigarren und Tausenden Auftritten gereifte Stimme, in der Lebenserfahrung, Coolness und Melancholie zugleich mitschwingen.
Lindenbergs Liebeslieder sind kostbare musikalische Miniaturen, die mit ihrer schonungslosen Ehrlichkeit die Herzen unterschiedlichster Menschen erreichen.

„Sie ist vierzig" ist ein weiteres grandioses Beispiel für diese Song-Kunst Lindenbergs. In nicht einmal vier Minuten führt er in die Gefühls- und Gedankenwelt einer Vierzigjährigen, die sich aus ihrer reizlosen Ehe wegträumt. Schon mit der ersten Zeile ist man sofort mittendrin in ihrem Alltag: „Morgens um sieben kommt ihr Mann mit dem Spruch: ‚Ich hab' dich lieb, doch wo ist meine Zeitung?'" Alleine zu Hause, hat sie kurz die Fantasie, sich das kleine Glück mit einem Klempner zu gönnen. Dann „staubsaugt sie los im Zimmer ihrer Tochter" und versinkt in einem Plakat von James Dean. Sie denkt an die eingeschlafene Leidenschaft mit ihrem Mann: Damals, als sie ihn kennengelernt hatte, hatte er noch groß getönt: „Meine Hitze wird niemals verglühen." Und heute? „Wenn sie sich einmal die Woche im Bett bemühen, schlafen sie nur aneinander vorbei." Der Gedanke der Vierzigjährigen ist gut nachvollziehbar: Sie fragt sich, ob dieses Hausfrauenleben alles ist, was für sie „vorgesehen war". Ihr Leben sei ein „Wartesaal mit tiefgefror'nen Träumen im Kühlschrank – bis der Sensenmann kommt und sagt: Na, dann woll'n wir doch mal". Der Song hat kein Happy End und keine Lösung. Er endet mit dem Gedanken: „Vielleicht sollte sie jeden Tag so leben, als ob's der letzte wär ..."

Das erinnert an den philosophischen Rat, den der weise Horaz vor 2000 Jahren den *midlife-crisis*-geschüttelten Menschen der Antike gab: „Carpe diem" – „Nutze den Tag!" Oder an Jesu Empfehlung, wachsam zu sein, „denn ihr wisst weder Tag noch Stunde" (Matthäus-Evangelium 25,13).

Unzählige Bezüge zu biblischen Weisheiten lassen sich in Lindenbergs Songs finden. Sogar beim Thema Liebe, die ihm oft leidig wird. Um sich nicht weiter Beziehungsproblemen auszusetzen, nimmt er im Song „I love me" eine neue Perspektive ein: „Da lieb ich mich doch lieber selber. I love me!" Früher, singt er, wenn er eine Frau „richtig göttlich fand", habe er sich wie süchtig in Klammeraffenmanier an sie geklettet – und über alle Maßen hinaus getrauert, wenn die große Liebe zerbrach. Sein Resümee: „Drum prüfe, bevor man sich so radikalo bindet, dass man sich selber erstmal spitze findet." Dem, was hier im Udo-Slang so lapidar daherkommt, liegt eine Lieblingsweisheit Jesu zugrunde: „Du sollst deinen Nächsten lieben wie dich selbst" (Markus-Evangelium 12,31). Heute erhält sie neue Kraft dadurch, dass Paartherapeuten sie als erfolgversprechende Taktik in kriselnden Beziehungen empfehlen. „Liebe dich selbst und es ist egal, wen du heiratest" lautet der Titel eines millionenfach verkauften Buches, in dem die These aufgestellt wird, dass Liebesglück und Selbstliebe einander bedingen.

Doch ganz so ernst nimmt Lindenberg diese Erkenntnis nicht. Schließlich weiß er, welche Entbehrungen die reine

Selbstliebe mit sich bringt, wenn man sich ihr als Single widmet. Seinen Song lässt er deshalb auch mit einer Tugend enden, die aus der Not geboren wurde: „Der Trick ist, das begreif' ich schnell: nicht hetero-, nicht homo-, sondern autosexuell." Lindenberg enttabuisiert die Onanie. Selbstbefriedigung kann das Leben befrieden, auch wenn sie vielleicht nicht das allerhöchste der Gefühle bereithält. Lindenberg greift das Thema immer wieder auf. Im Lebensrückblick „Dirty Old Man" (1988) erzählt er aus der Zeit seiner Pubertät, als er „schnell wie auf heißen Kohlen" nach Hause lief, um sich einen runter zu ..." Ja, er überlässt es seinen Hörern, das Ende zu ergänzen. In einem anderen Song schildert er das sexuell enthaltsame Leben eines Soldaten („Ich bin beim Bund"), der fürs Vaterland Hand anlegt: „Onanie – stärkt das Hemd und schwächt das Knie". Und in einer Persiflage über einen arroganten Disco-Gänger findet sich die nette Geschichte, dass er sich von einer der Frauen, die er anbaggert, den Spruch gefallen lassen muss: „Kennst du noch den alten Song im 4/4-Takt: Onanie, Onana, life goes on, yeah"?

Onanie. Ob Lindenberg wusste, dass sogar dieses Wort aus der Bibel stammt? Die Geschichte findet sich im 38. Kapitel des ersten Buchs Mose. Sie handelt von einem Mann namens Onan. Als sein Bruder starb, musste er nach damaligem Brauch mit dessen Witwe Tamar die Ehe eingehen. Onan war mit diesem Schicksal gar nicht glücklich. Als er „einging zu seines Bruders Frau", ließ er den Samen „auf die Erde fallen und verderben". Genau genommen ist das ein Coitus Interruptus. Dennoch musste Onans Name als Begriff für Selbstbefriedigung herhalten.

Kinder zeugen oder nicht? Auch mit dieser Frage beschäftigt sich Lindenberg. Trotz seines Freiheitsdrangs schimmert eine Sehnsucht doch immer wieder auf: die Sehnsucht nach „Lindenzwergen". Auch hier erlauben Lieder und Interviews einen kleinen Einblick in seine Seele. „Zwei Lindenzwerge" würde er schon gerne „herstellen", verrät er 1985 dem „Musikexpress"; im Lied „Bis ans Ende der Welt" träumt er von „dreizehn Kindern, alle total verrückt". Der „Zeit" offenbart er 1989 seine „romantische Vorstellung" einer „Rasselbandenphantasie": Er könnte seine Kinder „in den Rucksack" packen und sie könnten auch auf Tournee immer bei ihm sein. Am Ende siegt jedoch die Einsicht, dass sein Lebensstil sich nicht mit einer herkömmlichen Familiengründung vereinbaren lässt. „Kinder kann man nicht einfach nur spaßmäßig haben, bloß als ein weiteres Experiment im Leben", bekennt er.

Wie ein Abschiedslied von seinen Kinderwünschen wirkt der Song „Wenn du mein Kind wärst". Auf dem Cover der LP „CasaNova", auf der der Song 1989 erscheint, schaut Lindenberg mit trauriger Clownsmaske zum Horizont. Im Song trägt er ein Kind auf den Schultern, tobt mit ihm durch die Dünen und am Strand. „Deine kleinen Hände in meiner Hand, und dann hüpfen wir glücklich nach Hause", singt er. Gerne würde er dem Kind „erzählen von der großen Welt". Und, so träumt er weiter, dann „fahren wir zusammen da hin [...] und ich sag dir, wie stolz ich auf dich bin".

Diese Art der Wehmut zieht sich wie ein roter Faden durch Lindenbergs Songs. 1972 erscheint der Titel „Die Kinder deiner Kinder“: „Du bist ein Blatt, und die Zeit ist der Wind, der treibt dich durch das Leben.“ Ein ähnliches Bild der Vergänglichkeit findet sich im biblischen Psalm 103, wo das menschliche Leben mit einer Blume gleichgesetzt wird: „Fährt der Wind darüber, ist sie dahin; der Ort, wo sie stand, weiß von ihr nichts mehr.“ Auch der Prophet Jesaja ist bisweilen von ähnlicher Schwermut befallen wie Lindenberg: „Wir sind alle verwelkt wie die Blätter, und unsre Sünden tragen uns davon wie der Wind“ (Jesaja 64,5). „Die Kinder deiner Kinder“ könnte gut im Buch der Psalmen oder beim Prediger Salomo (Kohelet) Platz finden: „Du denkst, du bist der Größte, und besser geht es nicht, da schlägt dir der Knochenmann die Sense ins Gesicht. Glaub nur nicht, was du tust, das wäre folgenschwer. Die Kinder deiner Kinder kennen deinen Namen schon nicht mehr.“

Doch die Wehmut angesichts der Vergänglichkeit ist für Lindenberg kein Grund, untätig zu werden. Im Gegenteil: Er möchte, dass die folgenden Generationen in einer lebenswerten, friedlichen und gerechten Welt leben, in der Menschen nicht mehr in den Krieg, sondern in den Frieden ziehen. Mit Hilfe unerwarteter Projekte versucht er das rüberzubringen. 1987 etwa interpretiert er, wie eingangs erwähnt, das bekannte Schlaflied „Weißt du, wie viel Sternlein stehen“ auf Lindenberg'sche Art. Statt die Hörer tröstlich in den Schlaf zu säuseln, zählt er ihnen den desolaten Zustand der Welt auf: Hunger, Kriege, Flucht,

Umweltzerstörung. Das Vertrauen in einen Gott, der es schon richten wird, verwandelt er in die Aufforderung, endlich etwas zu tun für eine bessere Welt: „Dann lass uns nicht mehr zählen / wieviel' Sterne da so stehen / Dann lass mal lieber machen, dass wir hier nicht untergeh'n!"

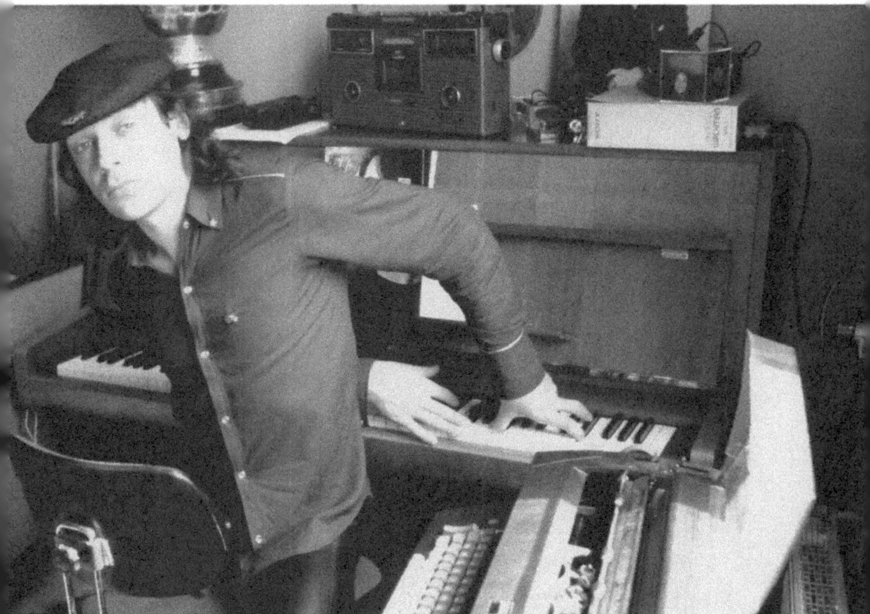

5
Friedensstifter im Zeichen der Apokalypse

Unterwegs mit Martin Luther King in eine gerechte Welt

„Wozu sind Kriege da?" Die Frage ist so naiv wie naheliegend, denn: „Keiner will sterben, das ist doch klar [...], keine Mutter will ihre Kinder verlieren und keine Frau ihren Mann." Udo Lindenberg legt diese Frage einem Kind in den Mund: Soldaten „steh'n sich gegenüber und könnten Freunde sein. Doch bevor sie sich kennenlernen, schießen sie sich tot. Ich find das so bekloppt, warum muss das so sein?" Kinder sind ehrlicher und unbedarfter als Erwachsene. Deshalb ist es ein guter Kniff Lindenbergs, seine Gedanken 1981 im Lied „Wozu sind Kriege da?" einem Kind in den Mund zu legen. Es ist die Hoch-Zeit der Friedensbewegung; die Supermächte USA und Sowjetunion haben sich tief in den Kalten Krieg verheddert und bauen in der Mitte Europas ein skurriles Abschreckungs-Szenario auf – inklusive Atomwaffen. Die Grenze zwischen Ost und West verläuft mitten durch Deutschland. Deshalb sind die Proteste hier besonders groß. Hunderttausende demonstrieren gegen die Aufrüs-

tung, wollen „Frieden schaffen ohne Waffen". Auch Lindenberg ist Aufrüstungsgegner. Sein Kindersong gegen den Krieg wird zu einer kleinen Hymne der Bewegung. Es gelingt ihm, ohne ideologische Hintergedanken und ohne Kitsch die Grundfragen der Friedensbewegung zur Sprache zu bringen und die Gründe dafür, dass es trotz aller Sinnlosigkeit Kriege gibt, vor Augen zu führen: zum Beispiel, dass die „Bonzen, die Panzer und Raketen bauen", dran verdienen. Oder dass einige ihren „religiösen Zwist" ausleben und mit Gewalt festlegen wollen, „welcher Gott nun der richtige ist". Der Song endet mit der Ratlosigkeit des Kindes, das sich als „wohl noch zu klein" beschreibt, um zu verstehen, „wozu Kriege nötig sind".
Ein Meisterwerk, denn der Song geht zu Herzen, ohne rührselig zu sein; er mischt sich in die vermeintlich „hohe" Politik ein, ohne eine parteipolitische Position einzunehmen. Und er beantwortet eine so philosophische wie existenzielle Frage, die viele bewegt, nicht eindeutig, sondern lädt stattdessen auf nicht belehrende Weise zum Selberdenken ein. Das alles kleidet Lindenberg in seine gewohnt alltagsnahe Sprache, die nicht auf Reime aus ist und sich nicht anbiedert – und sich zudem organisch mit der emotionalen Melodie verbindet. Lindenbergs Song „Wozu sind Kriege da?" ist eine authentische Antwort auf den Schlager „Ein bisschen Frieden", mit dem die siebzehnjährige Nicole im selben Jahr den Eurovision Song Contest gewann.

Hochpolitische Themen in deutschsprachiger Musik zur Sprache zu bringen – das war Lindenberg 1973 zum ersten Mal gelungen, auf der LP „Alles klar auf der Andrea Doria". „Wir wollen doch einfach nur zusammen sein" ist eine ergreifende Liebesballade. Das Besondere: Die Liebesgeschichte, die Lindenberg in dem Song erzählt, entspinnt sich zwischen dem Sänger und einem „Mädchen aus Ost-Berlin"; vermutlich liegt dem Song eine eigene Liebesgeschichte zugrunde. Zu Zeiten der deutsch-deutschen Teilung war das eine schwierige Konstellation, denn als Westdeutscher musste man den Osten abends immer wieder verlassen: „Das war wirklich schwer. Ich musste gehen, obwohl ich so gerne noch geblieben wär'. Ich komme wieder [...] und vielleicht geht's auch irgendwann mal ohne Nerverei'n, da muss doch auf die Dauer was zu machen sein!"

Das hatte es noch nicht gegeben. Deutsche Schlager, auch Popsongs, hatten politische und gesellschaftlich brisante Themen immer umschifft oder verniedlicht. In der Hitparade ging es um Liebe, Freude, Sonnenschein und allerhöchstens mal um die Trauer um einen Drogentoten, die Juliane Werding in „Am Tag, als Conny Kramer starb" besang. Aber die deutsch-deutsche Teilung zum Thema eines Liedes zu machen? Das hatte sich noch niemand getraut. Und jetzt kommt Udo Lindenberg daher, besingt seine Liebe zu einem Mädchen aus Ostberlin – und bezeichnet die rigiden Grenzkontrollen der DDR-Beamten als „Nervereien". Dieser Musiker der „Hamburger Szene" ist nicht nur lustig, der traut sich auch, politisch zu sein. Die Freiheit liegt ihm am Herzen – die der Liebe und die der Menschen. Lindenberg schwebt dabei über allen Grenzen, die damals so die Welt teilten. Zum Beispiel die zwischen den fortschrittlichen Linken, die sich mit der Teilung abgefunden haben, und den konservativen Rechten, die auf eine Wiedervereinigung drängen. Der eher dem linken Lager zugerechnete Udo Lindenberg geht ganz menschlich an das Thema heran. Die Mauer steht der Liebe im Weg. Sie soll weg!

Doch ihn stört nicht nur die Mauer – Lindenberg möchte auch endlich in der DDR auftreten. Seine Fans in Ostberlin sollten doch auch mal ein Konzert mit ihm erleben! Das sagt er 1979 in einem Interview. Die DDR-Bonzen jedoch lehnen ab: „Kommt nicht infrage!" Aber ein Udo Lindenberg lässt sich nicht abwimmeln. Seine Waffe ist die Musik – vielleicht kannte er auch Martin Luthers Spruch: „Die Musik ist eine Gabe und ein Geschenk Gottes; sie vertreibt den Teufel und macht die Leute fröhlich." Wie also vertreibt man die Teufel der Trennung und der Betonköpfigkeit? Udo Lindenberg versucht es humorvoll. Er wählt eine bekannte Jazz-Melodie aus einen Filmsong des Glenn Miller Orchestras, der sogar schon mit einem Oscar prämiert worden war. Aus dem „Chattanooga Choo Choo" wird nun der „Sonderzug nach Pankow" – ein Stadtteil am Rande Ostberlins.
In seiner gewohnt flapsigen Art spricht Lindenberg den Staatsratsvorsitzenden direkt an, nennt ihn „Oberindianer". „Ey, Honey, ich sing für wenig Money im Republik-Palast, wenn ihr mich lasst!" Ziemlich respektlos. „Erich, ey, bist du denn wirklich so ein sturer Schrat? Warum lässt du mich nicht singen im Arbeiter- und Bauernstaat?" Das Volk lacht – nur die Politiker nicht. Udo Lindenberg wür-

de mit solchen Liedern die vielen diplomatischen Versuche der Einigung zunichtemachen, meinen westdeutsche Politiker. Die DDR-Nomenklatura schweigt zunächst stille und weiß nicht so recht: Kann uns das gefährlich werden oder nicht? Immerhin verulkt da ein West-Sänger den Staatsratsvorsitzenden der DDR bis zur Schmerzgrenze: Erich Honecker wird zu „Honey", der sich heimlich auf dem Klo einschließe und tue, was allen DDR-Bürgerinnen und Bürgern bei Strafe verboten war: „West-Radio" hören. „Hallo, Erich, kannst' mich hören, Hallololöchen – Hallo". Lindenberg schickt die Single sogar persönlich an Honecker – mit einem Begleitbrief. Darin enthalten die Bitte, doch mal in der DDR Konzerte geben zu dürfen.

Erich Honecker ist not amused, wird aber von seinen Beratern beschwichtigt. Und ein kleines Wunder geschieht: Im Oktober 1983 darf Udo im Palast der Republik spielen. Die Bedingung: Den „Sonderzug nach Pankow" darf er nicht singen. Als er auf der Bühne steht, merkt er: Die 4000 jungen Menschen im Publikum sind Mitglieder der auf Staatstreue gepolten „Freien Deutschen Jugend". Aber draußen vor der Halle stehen Tausende andere – all die, die Lindenberg wirklich gerne einmal live erleben wollen. Vor dem Auftritt hat Udo sich abgesetzt, ist den Stasi-Betreuern entwichen und hat die „echten" Fans begrüßt. Auch ein anderes eigensinniges Verhalten geht den Offiziellen gegen den Strich: Auf der Bühne fordert Udo, dass auf deutschem Boden keine amerikanischen Pershings, aber auch keine sowjetischen SS-20-Raketen stationiert werden sollen. Ein Affront gegen die sowjettreue DDR.

Kein Wunder, dass Honecker für eine angedachte Lindenberg-Tournee nun kein Okay mehr gibt. Aus Ärger darüber setzt Udo 1987 nach und schickt ein Paket mit einer Lederjacke an Honecker. Der antwortet und legt seinem Brief eine Schalmei bei. Im Herbst 1987 kommt es dann sogar zu einer Begegnung: Bei einem Staatsbesuch in Wuppertal überreicht Udo Lindenberg Erich Honecker eine E-Gitarre mit der Aufschrift „Gitarren statt Knarren".

Die hoffnungsvolle Hartnäckigkeit und Courage, die Lindenberg an den Tag legt, erinnert in vielem an den Reformator Martin Luther. Der stand knapp 500 Jahre zuvor vor den „Oberindianern" und Betonköpfen seiner Zeit. 1521 hatten sie sich unter Führung Kaiser Karls V. in Worms zum Reichstag versammelt. Sie hatten gar kein Verständnis dafür, dass dieser junge, mutige Mönch aus Wittenberg ihre Macht infrage stellte. Auch Luther interessierte sich nicht für menschengemachte Grenzen. Auch ihm ging es eigentlich um nichts anderes als die Liebe – nicht ganz so menschlich wie bei Lindenberg, sondern im größeren Sinne. Systeme, die der grenzenlosen Liebe Gottes im Weg stehen, taugten Luther nicht. Heute klingt das relativ harmlos. Damals musste Luther jedoch damit rechnen, seiner Ansichten wegen getötet zu werden.

So wie Lindenberg dem Staatsratsvorsitzenden seine Single geschickt hatte, so schickte Luther seine Thesen an den Papst. Der tobte noch stärker als Honecker. Er lud Luther nicht etwa zu einem Vortrag nach Rom ein, son-

dern verhängte den Bann über ihn. Nun, beim Reichstag in Worms, vor dem Kaiser und anderen Großkopferten, widerrief Luther nicht etwa seine Erkenntnis, wie gefordert. Nein, er sah ihnen ins Gesicht – und blieb mutig bei seinen Ansichten. Warum? Weil sein Gewissen und die Heilige Schrift ihm wichtiger waren als Gehorsam gegenüber menschlicher Gewalt.
Hätte es Lindenbergs Song „Mein Ding" schon damals gegeben, dann hätte Luther ihn vermutlich auf dem Rückweg von Worms gepfiffen, und es würde heute in den Kirchengesangbüchern stehen: „Ich mach mein Ding! Was die anderen sagen, das ist egal – Ich geh meinen Weg, ob gerade ob schräg – Ich mach mein Ding!" Oder in Luthers Worten: „Hier stehe ich und kann nicht anders!" Und ihre Anliegen gingen zumindest teilweise in Erfüllung: Im 16. Jahrhundert wurde die Übermacht der so reformbedürftigen römisch-katholischen Kirche beschnitten. 1989 fiel die Mauer zwischen Ost und West – dank Hunderttausender mutiger Menschen, die mit ihrer „Revolution der Kerzen" (und oft mit Lindenberg-Songs auf den Lippen) mutig gegen die DDR-Führung protestierten.

Am 8. November 2010 kamen Weltveränderung und Glaube auf bemerkenswerte Weise zusammen: Unter den Augen der vier Evangelisten Matthäus, Markus, Lukas und Johannes, die vom Altarraum in die Kirche blicken, trat Udo Lindenberg in der evangelischen Schinkelkirche im brandenburgischen Neuhardenberg auf (siehe Foto S. 74/75). Der Anlass: der Jahrestag des Mauerfalls. An dem habe Udo Lindenberg seinen Anteil; er sei „ein Deutscher, dem die Einheit wichtig war", lobte Bundespräsident Christian Wulff in seiner Rede.

Luther und Lindenberg – zwei Deutsche für ein Halleluja. Viele Eigenschaften teilen sie und machen sie zu Brüdern im Geiste über den Graben der Geschichte hinweg. Beide sind Promi und Protestant, Sprücheklopfer und Grenzüberschreiter, Liedermacher und Dem-Volk-aufs-Maul-Schauer. Sprachschöpfer und Apfelbäumchenpflanzer. Ja, Apfelbäumchenpflanzer: „Selbst wenn morgen die Welt unterginge, würde ich heute noch ein Apfelbäumchen pflanzen." Dieser von einer nicht tot zu kriegenden Hoffnung zeugende Satz wird Martin Luther zugeschrieben – und gehört zu Lindenbergs Lieblingsweisheiten. Er sei zwar hin und wieder „pessimistisch im Denken", meint Lindenberg, doch er ist sich auch sicher: „Es gibt keine Alternative zum Optimismus für mich. Die Alternative ist Resignation, Sodom und Gomorrha, Wegdriften, Aufgeben. Das können wir nicht verantworten. Den Kindern gegenüber nicht, uns selber gegenüber nicht und allen Generationen gegenüber nicht, die da kommen. Es gibt keine Alternative zum Machen. Und du kannst nur machen, wenn du positiv darangehst, optimistisch, auch wenn's wirklich düster aussieht."
Im Song „No Future" beschreibt er diese Sicht der Dinge einfühlsam. Er steht darin einem Fünfzehnjährigen gegenüber, der keine Chance mehr für die Welt sieht und glaubt, in drei Jahren sei alles vorbei. „Das Schlimme ist, ich kann dich fast verstehen", entgegnet Lindenberg ihm und bedauert, dass der Junge „alle Waffen abgelegt" und

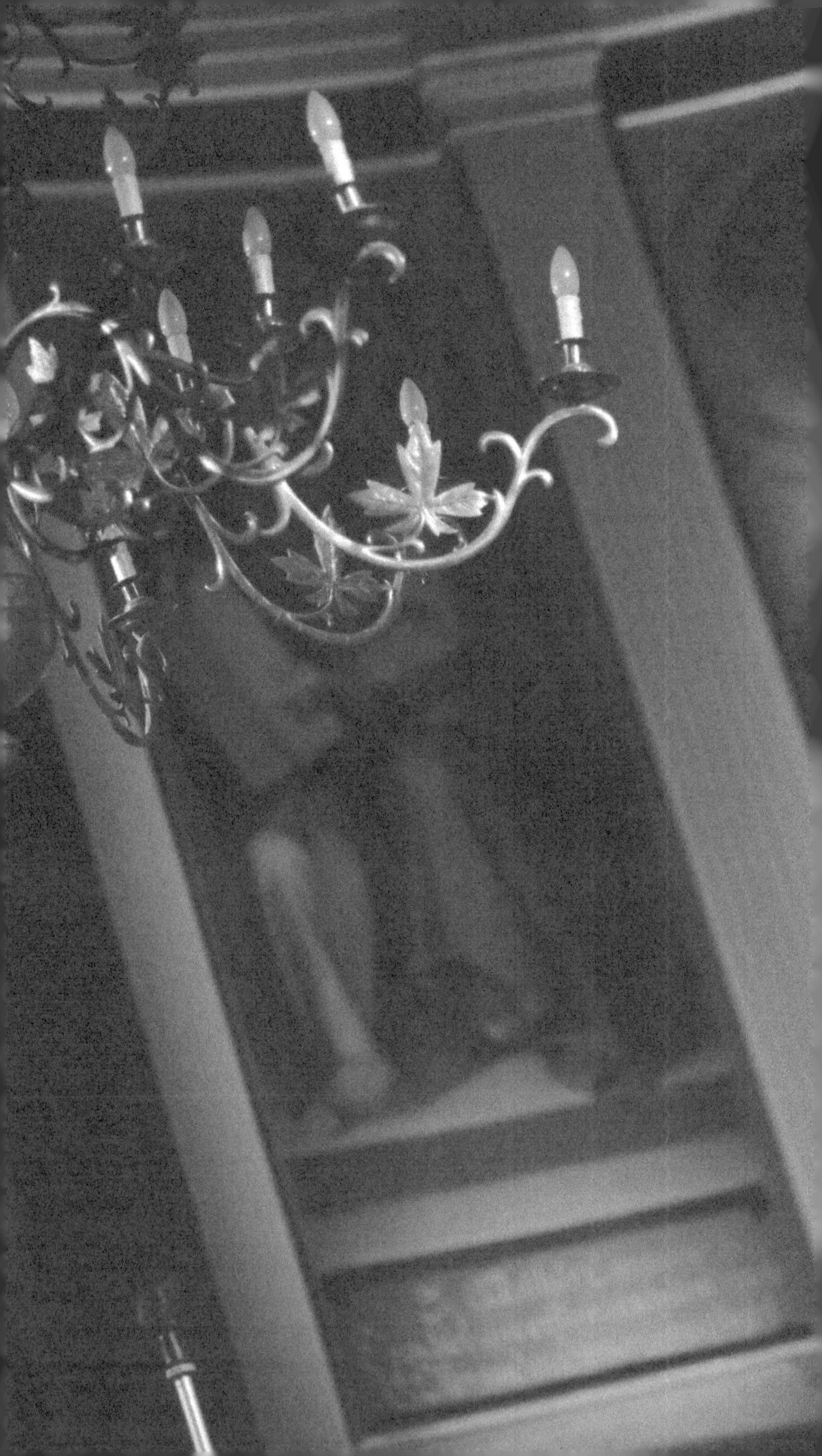

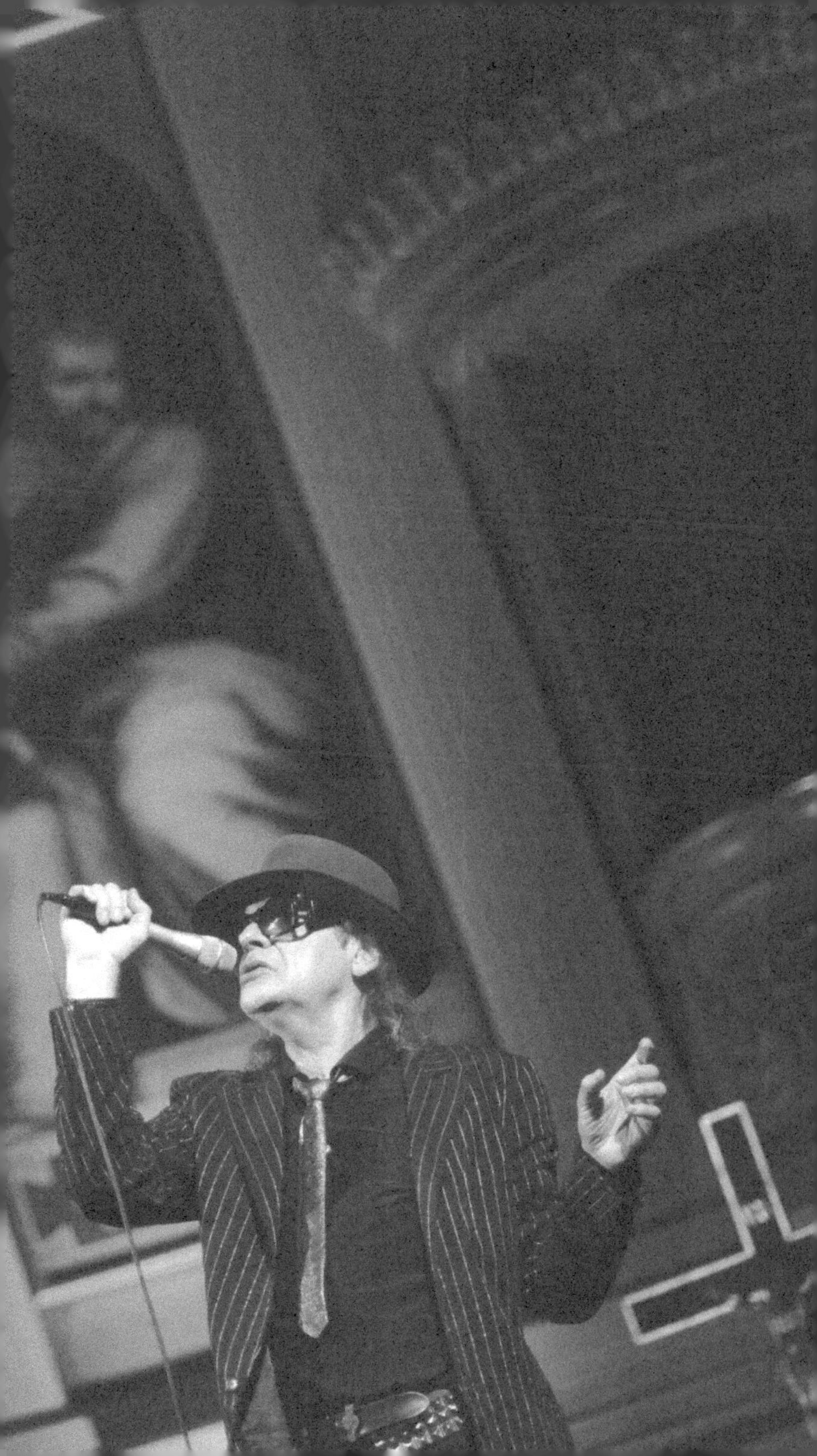

„irgendwie aufgehört [hat], zu leben". Lindenberg selbst will „kein Dichter sein, der Blumen bringt an das Grab der Vernunft und da was Schlaues singt". Es gebe ja auch viele Vorbilder: „Che Guevara und Luther King dürfen nicht umsonst gestorben sein, sonst pack' ich mein Mikrofon für immer ein!", singt er. Zwei sehr unterschiedliche Kämpfer für die Gerechtigkeit führt Lindenberg hier als Vorbilder an. Zum einen den lateinamerikanischen Widerstandskämpfer und Rebellenführer Che Guevara (1928–1967), der versuchte, mit Gewalt und Hass eine bessere Welt für die Armen und Unterdrückten zu schaffen und nach seinem Tod eine geradezu religiöse Verehrung erfuhr. Zum anderen Martin Luther King (1929–1968), den baptistischen Pfarrer, der in den USA gewaltlos gegen Rassentrennung und für Bürgerrechte kämpfte. Seine Methode des zivilen Ungehorsams bereitete den Boden für große Veränderungen. Guevara wie Luther King wurden erschossen. Daran erinnert Lindenberg und deutet sein musikalisches Schaffen als Versuch, die Ideen beiden Freiheitskämpfer fortzuführen, sozusagen ihr Vermächtnis zu pflegen. Ob dies den Fünfzehnjährigen überzeugt hat, verrät Lindenberg nicht. Doch wer sich auf den Song einlässt, kann kaum anders, als sich den Jungen in der Lederjacke mit „No-Future"-Aufschrift als gebannten Zuhörer vorzustellen.

In immer neuen Anläufen greift Lindenberg das Thema Hoffnung auf. Es scheint, als wolle er die „Da-kann-man-eh-nichts-machen"-Mentalität durchbrechen.

Der Song „Kleiner Junge" (1983) handelt von einem Kind mit großem Gerechtigkeitssinn, das seine Mutter fragt, wie es den hungrigen Kindern auf der Welt helfen könnte. Die Mutter reagiert abgeklärt; Spenden helfe da ebenso wenig wie Aufregung, „damit muss man leben, auch wenn es manchmal traurig macht". Warum Gott denn nicht helfe, fragt der Junge sie weiter – die Antwort der Mutter: „Der hat den Himmel zugemacht, ist abgereist, ist ganz weit weg und kümmert sich 'n Dreck." Der Junge will sich mit der Antwort nicht zufriedengeben. Vom Papst hat er schon mal gehört. Nun will er wissen, was denn der mache. „Der hat schon viele auf dem Gewissen. Durch sein Pillenverbot kommen Babys zur Welt, obwohl man weiß, dass sie gleich wieder sterben müssen", lautet die Antwort. Der Junge wird erwachsen, doch seinen Gerechtigkeitssinn kann er nicht ablegen. Er bekommt einen psychischen Knacks, schreit und weint manchmal plötzlich los. Er wird ausgelacht – und in die Psychiatrie gebracht. Kann man an dieser Welt wirklich nur irre werden? Nein, ist Udo Lindenberg auch 2020 angesichts der Corona-Pandemie überzeugt, denn da gibt es doch noch den „alten Kumpel Hoffnung": „Die Welt is' voll am Arsch und wir mittendrin. Aber Durchhängen is' nich'. Unser Kumpel Hoffnung is' ja auch noch da und trägt uns durch die schweren Zeiten."

Das Lied „Gott wenn es dich gibt", im Jahr 2000 veröffentlicht, wirkt wie eine Fortsetzung dieses Songs „Kleiner Junge". Lindenberg selbst richtet seine Fragen nun an Gott, „Allah, Jesus, Buddha – und alle, die vor und nach dir kamen". Angesichts des Zustands der Welt steht er hilflos da: „Nun steh' ich hier mit meinem kleinen Glauben – wie lange hält man das denn aus?" Dann betet er hoffnungsvoll zu Gott: „Gib mir die Power, ich will dafür steh'n, die Welt zu ändern – das muss doch geh'n!" Er blickt in den Himmel, kann jedoch nur „graue Wolkenberge" sehen und fragt: „Wohnst du da drüber oder bist du ein Gerücht?" Lindenberg, der Hoffende und Zweifelnde. Auch das verbindet ihn mit Martin Luther. Auch der vermeintlich superfromme Reformator kannte Zustände des Zweifels sehr gut und fühlte sich mitunter „hin- und hergeschüttelt von Verzweiflung und Gotteslästerung".

Den Vorwurf der Gotteslästerung muss sich auch Lindenberg einige Male gefallen lassen. Zum Beispiel in Bezug auf das Lied „Grande Finale", erschienen auf der LP „Götterknall". Der Panik-Rocker beginnt wie die Bibel mit der Schöpfung: „In sieben Tagen schuf Gott die Welt." Doch dann folgt Lindenberg'scher Fantasie-Freistil: Am achten Tage habe Gott seine Schöpfung ins Klo geworfen und abgezogen, meint er. Lindenberg erfindet einen Schöpfungsmythos, der den Zustand der Welt erklärt: „Bedrohlich brodelt hier ein See / unheimlich bruzzelt dort ein AKW." Umweltzerstörung, Aufrüstung, Hunger – Lindenberg malt ein Bild des Jüngsten Gerichts: das „Grande Finale": „Die Erde geht unter, erfahren wir soeben. Der Eintritt ist ohne Bezahle. Sie zahlen hier bloß mit Ihrem Leben." Der Apokalypse entkommt niemand, denn der Untergang „wird so inszeniert, dass jeder krepiert". Lakonisch beendet Lindenberg den Refrain: „Kein Horror in Sodom und Gomorrha. Immer lustig und vergnügt, bis der Arsch im Sarge liegt!"

Der kraftvolle Rocksong findet seine Antwort 2021 in dem Lied „Mittendrin", in dem es heißt: „Es wird schon irgendwie geh'n. Selbst in den heißesten Flammen das Fünkchen Hoffnung noch suchen."

Im Februar 2022 wird Lindenbergs Hoffnungsglaube auf eine harte Probe gestellt. Durch den Angriffskrieg Russlands auf die Ukraine ist der Frieden, in dem Europa jahrzehntelang lebte, gebrochen. Immer hatte sich Lindenberg für die Verständigung zwischen Deutschland und Russland eingesetzt; 1985 hatte er in Moskau sogar mit der prominenten russischen Rocksängerin Alla Pugatschowa seinen Song „Wozu sind Kriege da" gesungen. Und nun, 37 Jahre später, scheinen alle diese Bemühungen umsonst gewesen. Am 2. März versucht Lindenberg via facebook, sich selbst und seine 357 000 Follower zu ermutigen: „Lasst uns daran glauben, dass es bald vorbei ist – und allen Menschen in Not helfen, die jetzt dringend unsere Hilfe brauchen. Für uns ist Love and Peace die einzig wahre Währung!!" Danach fordert er zum Spenden an die UNICEF-Nothilfe auf.
Lindenbergs Botschaft zieht weite Kreise, sogar bis in die Kirchen. Am darauffolgenden Sonntag schildert der Altonaer Baptisten-Pastor Carsten Hokema seiner Gemeinde seine Verzweiflung angesichts des Krieges und fleht mit einem alten Kirchenlied: „O Heiland reiß den Himmel auf, herab, herab vom Himmel lauf!" Und dann benennt er, was ihm Hoffnung gemacht habe: eben jener Lindenberg-Beitrag auf facebook, in dem es weiter heißt: „Jetzt sich nicht runterfallen lassen in Ohnmacht, Hilflo-

sigkeit und Angst, sich nicht runterziehen lassen, sondern all unsere hart erkämpften Werte von Freiheit und Frieden schützen, besonnen mit diesen Errungenschaften umgehen und volle Power zusammenhalten." Es scheint eine hoffnungsvolle Wechselbeziehung der Ermutigung zu geben zwischen Lindenberg und kirchlichen Verkündigern.

Hoffnung trotz allem versucht Lindenberg nicht nur mit Musik zu fördern. 2006 gründet er die „Udo Lindenberg Stiftung". Ihr Ziel: „Menschen unterstützen, die in keine Schublade passen, und den Schwächsten der Welt zur Seite stehen." Die sozialen und humanitären Projekte, die die Stiftung unterstützt, „wollen das Feuer weiterreichen, statt nur die Asche anzubeten". Damit greift Lindenberg auch ein Ansinnen Hermann Hesses auf, der sich seinerzeit für die Opfer des Krieges und des aufkeimenden Antisemitismus stark gemacht hatte. Die Stiftung arbeitet auf mehreren Gebieten. In Deutschland fördert sie Kultur an sozialen Brennpunktschulen: Die Kids erarbeiten das Lindenberg-Musical „Hinterm Horizont" und führen es auf. So erleben sie, dass sie zusammen etwas Großes schaffen können – und beschäftigen sich auf spielerische Weise mit Themen wie Demokratie und Freiheit und mit der deutschen Geschichte. In Kenia unterstützt die Stiftung den Bau von Werkstätten und Schulen sowie die Wasserversorgung für die ländliche Bevölkerung.
„Damit das Mögliche entsteht, muss immer wieder das Unmögliche versucht werden" – diesen Spruch Hermann Hesses versucht Udo Lindenberg in die Realität umzusetzen. Mit der Stiftung, mit seiner Musik und: mit Bildern.

6
Ausgerechnet die Zehn Gebote

Bunte Leinwand für die Bibel

1982 lernt Lindenberg beim Konzert „Künstler für den Frieden" Joseph Beuys kennen. Der Avantgarde-Bürgerschreck Beuys überzeugt Lindenberg, dass auch die bildende Kunst eine wichtige Schiene für politische und gesellschaftliche Botschaften sei.
Lindenberg beginnt mit „Udogrammen": kleinen Frauen und Männchen, mit schnellem, aber präzisem Strich gezeichnet und mit einer beachtlichen Audruckskraft. Illustrationen zu seinen Songs entstehen: Udo mit dem Mädchen aus Ostberlin vor dem Brandenburger Tor oder auf dem Bug der „Andrea Doria" sitzend. Auch der Künstler Markus Lüpertz motiviert Lindenberg, sein malerisches Talent auszubauen und zu pflegen. Zur Eröffnung einer ersten Ausstellung Lindenbergs im Hamburger Erotic Arts Museum hält er eine poetische Rede, die er tiefgründig enden lässt:
„Dann zeichnet der Sänger / Den Sänger singend oder einfach lebend, hebend / Karikiert ihn / Erklärt ihm die

Welt, in der er zu Hause herumirrt / Besingt Schönheit, zeichnet sie häßlich / Zeichnet sich das Licht auf die Flasche / Läßt Deckweiß als Lichtreflexe satt über Flaschengrün suppen / Spritzt Schwarz auf Hutumrisse / Malt mit Ruß Schornsteinfegerprozessionen / Zeichnet Schweinemadonnen, die in Comics Bordelle eröffnen / Zeichnet mit Pfaffenschwarz Rattenfängerparodien / Läßt Strichmännchen in Orgien schweinigeln / Läßt Hampelmänner Welten anhalten."

Für die künstlerische Fachwelt ist das neue Betätigungsfeld des Musikers eine Herausforderung. Auch Professor Rolf Bothe, Direktor der Kunstsammlungen Weimar, erkennt Ende der 90er-Jahre die malerische Strahlkraft Lindenbergs. Er sorgt dafür, dass 1999 eine Ausstellung mit Lindenberg-Bildern im Schlossmuseum stattfindet – mitten im Herzen der deutschen Klassik und parallel zu den Feierlichkeiten anlässlich des 250. Geburtstags Johann Wolfgang von Goethes. Der Panik-Rocker neben dem Dichterfürsten. Allerhand. „Der Pakt" heißt die Ausstellung. Darin unter anderem zu sehen: ein Bilderzyklus zu Goethes Werk „Faust". Gott und Mephisto, Auerbachs Keller, der Hexentanz, des Pudels Kern: Lindenberg verleiht dem Drama auf seine Weise Relevanz und Aktualität. Er entstaubt den alten ehrwürdigen „Faust". Besonders berührend das Bild „Kampf der Teufel und der Engel um Fausts Seele" (Bild rechts). Doktor Faust in der Hand von Dämonen, die wie Kletten an ihm hängen; oben versuchen Engel, ihn an den Haaren den teuflischen Mächten zu entziehen.

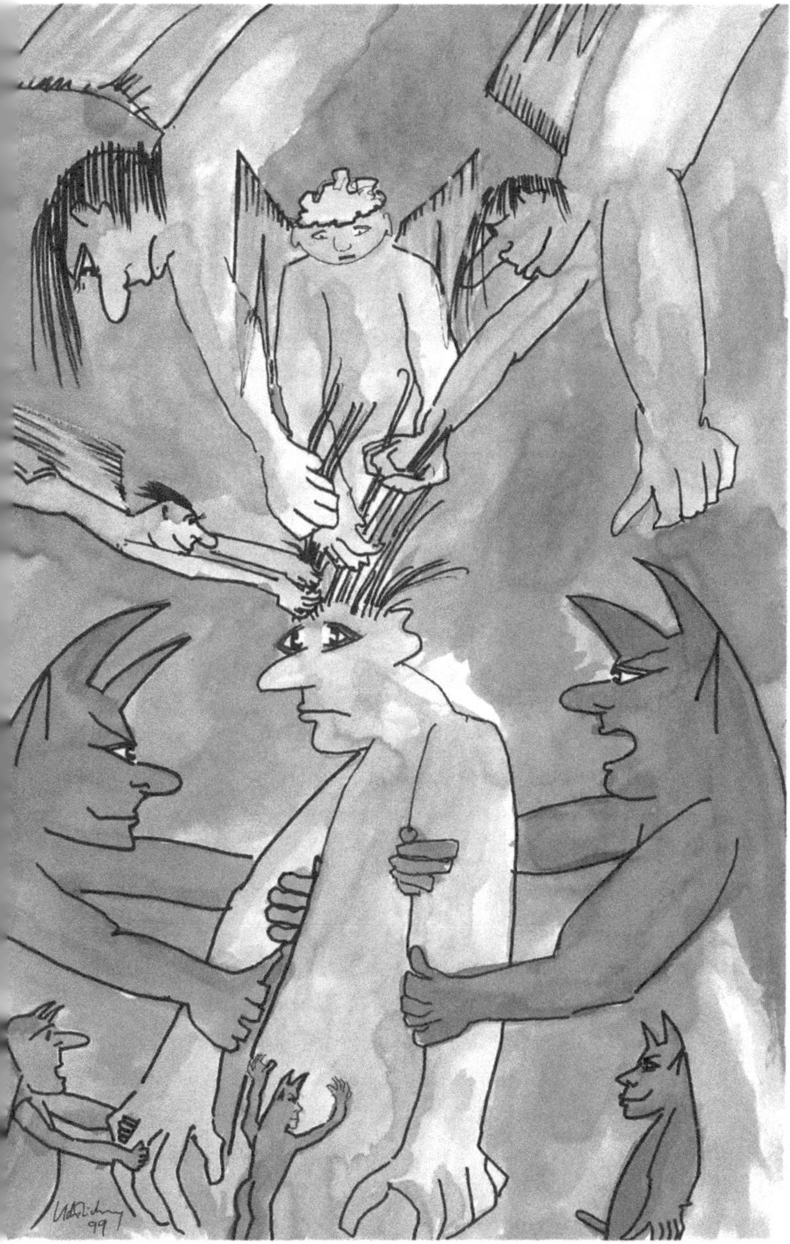

In seiner Eröffnungsrede versucht Professor Bothe Kritikern den Wind aus den Segeln zu nehmen. Lindenberg, „der erste deutsche Rocksänger von Format", sei „in der Lage, Kunst und Kultur auch als Spaß zu begreifen, ein Element, das in den 60er-Jahren trotz des missionarischen Eifers vieler Intellektueller an den Universitäten aufkam". Was für ein vernichtender Befund: Der Kunst war offensichtlich weithin vor lauter Ernsthaftigkeit die Freude abhandengekommen. Und dann kommt ein Udo Lindenberg und macht das bewusst. Bothe stellt Lindenberg in eine Reihe mit Andy Warhol. Dann lobt er Lindenbergs künstlerische Qualität und des Sängers „eigenen, unverwechselbaren Stil".

Die Ausstellung zeigt Bilder, Zeichnungen und sogenannte Likörelle, die von Lindenberg mit farbigen Alkoholika gemalt wurden: Blue Curacao und Campari, Pfefferminz- und Eierlikör, Campari und Magenbitter. „Die knallbunten Likörgläser vor der Nase, ich tauch den Finger ein und male mit dem Finger, mit 'ner Serviette wird trickreich nachgewischt und fertig." Ein deutlicher Hinweis auf die Verfassung, in der Lindenberg seine Kunst entwickelte. In den 90er-Jahren durchlitt Lindenberg einen persönlichen Tiefpunkt, begleitet von vielen Alkohol-Exzessen. Die Malerei war in dieser Zeit offensichtlich eine Art Selbsttherapie. „Realität ist nur eine Illusion, die sich durch Mangel an Alkohol einstellt", steht auf einem seiner Likörelle, auf dem ein nacktes Paar zu sehen ist. Schonungslos mit sich selbst dekliniert Lindenberg das Thema Alkohol auf malerische Weise durch und erlaubt tiefe Einblicke in sei-

nen Seelenzustand. Während die Boulevardpresse fragt: „Säuft Lindenberg sich zu Tode?", nutzt er die Farben, um durch seine dunkelsten Zeiten zu kommen.
Mit der Zeit steigt Lindenberg auf andere Farben um. Im eigenen Atelier entstehen Bilder auf Leinwand in verschiedenen Mischtechniken. Inspirieren lässt er sich auch von seinem Bruder Erich, der sich an der Essener Folkwang-Schule und der Münchner Akademie der Bildenden Künste zum Maler ausbilden ließ.

Im März 2006 stellen die beiden Brüder sogar gemeinsam in Berlin aus. Kunstprofessor Harald Falckenberg bringt die beiden in seiner Eröffnungsrede zusammen. Die „verschwimmenden Farben und verschwindenden Formen" in Erich Lindenbergs Werk zeigten: Ihm gehe es um „das Transzendieren" und „um das Verschwinden von dieser Welt". Udo hingegen sei im Grunde ein fantastischer Karikaturist „von der grotesken Seite". Die Unterschiede im Werk der beiden Brüder sind eklatant. „Udo kann weder singen noch malen", zitiert Falckenberg die Stimmen von Kritikern – und rückt den wenig schmeichelhaften Ausspruch zurecht: „Du malst genauso gut, wie du singst!"
Dann geht der Laudator näher auf die offensichtliche Unterschiedlichkeit des Gronauer Brüderpaares ein und wagt sich dabei weit in psychologisches Terrain vor. Ernst als dem Älteren habe es „gar nicht gut" gedünkt, „dass der Jüngere nur durch Firlefanz" Erfolg hatte; so sei er „umso mehr in das Ernste" verfallen. „Udo, der Unterhaltungskünstler, U wie U, hat den Ernsten in immer tiefe-

re ernste Regionen vertrieben." Allerdings widerspreche eine Beobachtung dieser Zuordnung: Beim Fototermin habe der „ernste" Erich eine Gestik wie ein Popstar eingenommen, während Udo „fast ernst und elegisch" dreingeschaut habe, „so wie ein Clown eben ernst sein kann".

Lindenberg nähert sich einem neuen Thema, das niemand erwartet hatte. Die „Zehn Gebote" – jene in Stein gemeißelten Gebote also, die Mose der Bibel zufolge auf dem Berg Sinai von Gott mit dem Auftrag bekommen hatte, sie den Menschen als Wegweisung zu überbringen. Die Geschichte findet sich im 2. Buch Mose, Kapitel 20.

Wie ist das denn zu verstehen: Der Freiheit liebende, eigensinnige Lindenberg widmet sich den Geboten, die allermeist als Gängelung gedeutet werden? „In einem weiteren Sinne bin ich vielleicht einer, der gern alte Gesetze wegsprengt", sagt Lindenberg von sich selbst, man müsse erstmal „die Freude am Chaos" haben, „damit dann danach wirklich neue Gesetzmäßigkeiten gefunden werden können für die Menschheit." Die biblischen Zehn Gebote gehören für ihn zu den grundlegenden und wichtigen Gesetzen der Menschheit, sie sind eine Grundlage, um Frieden und Gerechtigkeit herzustellen. Deshalb setzt er sie fantasievoll auf der Leinwand um. „Die Bilder sollen zeigen, wo es wehtut", kommentiert er im Vorwort

zu seinem Kunst-Buch „Das Lindenwerk", „aber sie zeigen auch, wie man da rauskommt. Und irgendwann in deinem Leben musst du dich entscheiden, ob du dich engagierst. Ob du das lebst, zu dem du geschaffen bist: ein Mensch."
Lindenbergs missionarisches Interesse bezieht sich also weniger auf eine religiöse als auf eine humanistische Einsicht. Demnach kommt es nicht darauf an, Christ zu werden; Ziel des Reifungsprozesses jedes Menschen ist es, Mensch zu werden. Und dazu gehört, die Menschenwürde jedes anderen zu achten und zu wahren. Vielleicht kennt Lindenberg auch den Aphorismus seines literarischen „großen Bruders" Hermann Hesse: „Was gut ist, wissen wir, es steht in den Geboten. Aber Gott ist nicht nur in den Geboten, sie sind nur der kleinste Teil von ihm. Du kannst bei den Geboten stehen und kannst weit weg von Gott sein."

Das alles mag in Lindenbergs Kopf und Herz gewühlt haben, als er den Bilderzyklus malt. Vielleicht hat ihn derselbe Geist getrieben wie Martin Luther, der fast 500 Jahre zuvor bedauerte, dass der Sinn der Zehn Gebote nicht mehr bekannt sei, weil sie von der Kirche unverständlich und immer nur als Mahnung verkündet wurden. Luther beschrieb einst in volksnaher Sprache in seinem „Katechismus" den Sinn der Zehn Gebote. Lindenberg braucht keine Worte; er malt sie so, dass die Menschen erfassen, was gemeint ist.
Und er bezieht sich selbst mit ein. „Du sollst", steht auf der Steintafel, die Mose auf einem Berggipfel hochhält,

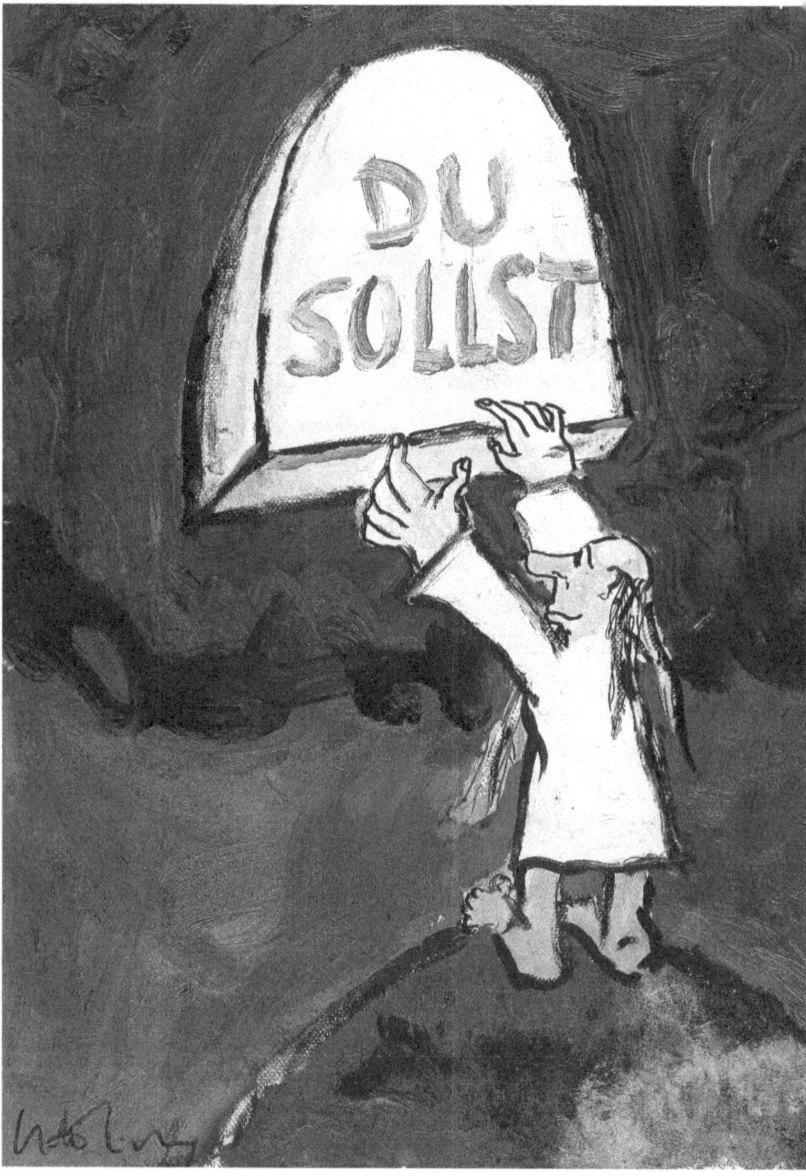
DU
SOLLST

als habe er sie soeben von Gott bekommen. Sein langes schütteres Haar und die Gesichtszüge zeigen: Hier hat sich Lindenberg selbst verewigt. Er sieht sich als Bote, der dem murrenden und oft ungehorsamen Volk die Gebote überbringt (siehe Bild links).

Das Bild zum ersten Gebot ist verstörend. „Ich bin der Herr, dein Gott ..." heißt es und zeigt einen strengen, wütenden Gott, der mit dem Zeigefinger einen kleinen Menschen zur Schnecke macht. Lindenberg übernimmt ein Gottesbild, das dem des „lieben" Gottes entgegensteht. Der zornige Gott ist in der Bibel ebenso präsent. Lindenberg versteht ihn vermutlich, weil auch er sich bodenlos darüber ärgert, was sich Menschen gegenseitig antun. Gleichzeitig ahnt er: Mit Drohgebärden sind Menschen nicht zu motivieren, Gutes zu tun, religiös gesprochen: gottgefällig zu handeln. Deshalb erweckt das kauernde Menschlein in der Ecke die Sympathien der Betrachter.
Im Vorwort zu seinem Kunst-Band „Das Lindenwerk" sinniert Lindenberg über dieses Bild: Der kleine Mensch, dem da Angst eingejagt wird, sei der „Homo Panicus", der angesichts so vieler Katastrophen und Gefahren vor der Herausforderung stehe, „cool und gleichzeitig knallewach" zu sein.

Nicht ganz so rabiat, aber auch bedrückend wirkt das zweite Bild: „Keine anderen Götter“. Darauf blickt ein steinerner Denkmal-Gott mit hypnotischen Augen einen nackten Menschen an, der wie von einer geheimen Macht zu Boden gedrückt wirkt. Die Botschaft des Bildes könnte lauten: Wer Götzen und falsche Götter verehrt, beraubt sich selbst der Freiheit. Das erste Gebot bedeute für ihn, „dass jeder mit sich selbst ausmachen muss, was er für richtig hält und woran er glauben möchte. Ob Gott, Allah, Buddha, Zeus oder all die anderen Götter“. Im Himmel sei schließlich „für viele Götter Platz“, deshalb dürfe „jeder nach seiner Fasson glauben“.

Im Bild für das zweite Gebot setzt sich Lindenberg eindeutig selbst in Szene: Er steht mit einem Pinsel vor einer leeren Leinwand; es scheint, als schieße ihm kurz vor dem ersten Pinselstrich das Gebot in den Sinn: „Du sollst dir kein Bildnis machen.“ Irgendwie wirkt er ziemlich gelassen, in der anderen Hand hält er eine Zigarre. Die rote Hintergrundfarbe signalisiert allerdings, dass es sich um ein gefährliches Thema handelt, dass womöglich eine Grenzüberschreitung bevorsteht. Wie die anderen Bilder des Zyklus ist auch dieses dialogisch. Es zieht die Betrachter in das Geschehen hinein und gibt die Fragen, die der Künstler sich stellt, an sie weiter: Soll, wird er weitermalen und damit das Gebot brechen? Oder wird er der lustvollen Versuchung erliegen, sich einen Gott zu malen? Wie halten sie es mit dem Bilderverbot, mit menschengemachten Gottesbildern?

„Du sollst den Feiertag heiligen": Lindenberg malt zwei Straßen, auf denen sich die Autos wie eine Blechlawine stauen, so wie sie zu Beginn der Ferienzeiten in den Nachrichten zu sehen sind. Die Autos sind ineinander verkeilt, Menschen irren orientierungslos umher. Sie wollten am Feiertag dem Alltag entfliehen und landen in Lärm und Gestank. In der Ferne scheint die Sonne unterzugehen – so wirkt das Bild wie eine Karikatur einer romantischen Sonnenuntergangskarte aus unberührter Natur, in die sich jeder sehnt.

Um das vierte Gebot zu illustrieren, führt Lindenberg die Betrachter in eine heimische Wohnstube, in der familiärer Horror herrscht. Die Eltern sitzen vor dem Fernseher auf dem Sofa, der Mann trinkt Bier, die Frau raucht. Die beiden sehen traurig und desillusioniert aus. Drei Kinder sind zu sehen. Ein Mädchen sitzt auf einer Standuhr und blickt herunter, als wolle es auf die apokalyptische Uhrzeit hinweisen: zehn nach zwölf. Unter dem Fernsehtisch versteckt sich ein kleines Kind und blickt ängstlich drein. Auf dem Fernseher sitzt ein älterer Junge; er schaut seinen Eltern in die Augen und hebt mahnend den Zeigefinger. Lindenberg wendet das oft zum Druckmittel gegen Kinder verzerrte Gebot „Du sollst Vater und Mutter ehren" in den fürsorglichen Ratschlag, dass Kinder ihre Eltern vor selbstverursachtem Leid bewahren sollten. Kinder müssen nicht dumpfe, autoritäre Anweisungen befolgen. Sie dürfen ihre Rechte wahrnehmen und können ihre Eltern in die Schranken weisen, wenn die ihr Leben verspielen und ihre Kinder vernachlässigen. So malt Lindenberg ein

Plädoyer für Kinderrechte und fordert Eltern auf: „Du sollst Deine Söhne und Töchter ehren“. Gleichzeitig wirkt das Bild wie die Illustration zum Song „Familie Kabeljau“: „Familie Kabeljau glotzt die Nonstop-Schau mit dem Vierkant-Auge im Gesicht und der Erleuchtung im dunklen Flimmerlicht [...]. Die Hirne sind total verödet – macht ja nix, wenn man verblödet.“

Eindeutig in seiner Botschaft ist das Bild zum fünften Gebot: „Du sollst nicht töten“. Ein Mann hält eine blutverschmierte Keule in der Hand. Seine Glatze, sein militärisch anmutendes Tarnfarbenhemd und seine Springerstiefel legen die Vermutung nah, dass er ein Neonazi ist. Brutal und mit gefühllosem Gesicht stellt er seinen Fuß auf den Kopf eines am Boden liegenden Mannes, der leblos wirkt. In vielen Songs hat Lindenberg vor dem Erstarken der Neonazis gewarnt, hat auch Konzerte „Rock gegen Rechts“ mit ins Leben gerufen. Das Bild ist die malerische Fortsetzung seines Engagements, mit dem er vor den Gefahren von Intoleranz und Gewalt wachrütteln will.

Als Rockstar muss Lindenberg wohl oder übel mit dem Image eines allzeit bereiten und in sexueller Hinsicht umtriebigen Mannes leben. Umso erstaunlicher ist seine bildliche Umsetzung des sechsten Gebotes: „Du sollst nicht ehebrechen!“ Lindenberg malt sich selbst mit einer Frau im Arm, offensichtlich sind die beiden ein festes Paar. Sie blicken unerschütterlich der Versuchung ins Auge: einem nackten Mann und einer nackten Frau, die erregt sind und das Paar locken. Nichts deutet darauf hin, dass diese Erfolg haben werden: Das treue Paar steht unaufgeregt und willensstark da und übersteht die Versuchung.

Mit Humor geht Lindenberg das siebte Gebot an: „Du sollst nicht stehlen" steht auf einer Wand, an der offenbar mal ein Bild hing. Der Raub eines Bildes hinterlässt große Leere und bringt die Betrachter um den Genuss.

Eine grüne Schlange – oder ist es ein Strick? – quillt aus dem Mund eines Menschen mit bösem Blick; sie windet sich um den Kopf eines hilflos wirkenden anderen, der nun gefesselt ist. „Du sollst nicht falsch Zeugnis reden", heißt Lindenbergs Bild zum achten Gebot, das darauf hinweist: Lügen und Gerüchte sind eine Spielart von Gewalt.

Schließlich das Bild zum neunten und zehnten Gebot: „Du sollst nicht begehren". Ein Bauernpaar, das arglos den Acker bestellt und in Harmonie mit seinen Tieren lebt, sieht sich einem giftgrünen menschenähnlichen Wesen ausgesetzt, das offensichtlich neidisch die Idylle zerstören will; es ist offen, worauf es geifert: die Frau? Das Vieh? Das Haus?

Den Bilderzyklus über die Zehn Gebote beschließt Lindenberg mit einem postmodernen Triptychon. „Vom ‚Krieg der Religionen' zur ‚Menschheitsfamilie'" nennt er die drei Bilder. Mit ihnen kommentiert er die Zehn Gebote, nimmt die fatale Kehrseite eines falsch verstandenen

Ein-Gott-Glaubens in den Blick: „Ich sehe den religiösen Fanatismus, ich sehe, wie Leute eben nicht ins Gespräch kommen, um sich friedlich abzusprechen auf dem kleinen blauen, zerbrechlichen Planeten und den Frieden endlich mal hinzukriegen nach all den Jahrhunderten, eine Katastrophe nach der anderen." Seine Bedenken und seine Hoffnungsvision kleidet er in drei Bilder.

Auf dem ersten geht ein weißer Mann einem Indianer an die Kehle: pure Gewalt der vermeintlichen Zivilisation an der Weisheit indigener Völker.

Das zweite Bild zeigt anhand von vier Menschen das stilisierte Szenario von Religionskriegen: Ein Christ, in einer Hand trägt er ein Kreuz, zielt mit einer Pistole auf einen Muslim, der wiederum einen Säbel und den muslimischen Halbmond in der Hand hält. Die beiden schauen sich finster und unerbittlich in die Augen. Es wird klar: Ihren Glauben haben sie zu Waffen umgeschmiedet; sie instrumentalisieren Religion und haben dafür ihre Menschlichkeit geopfert. Darunter sind auf dem Bild zwei weitere religiöse Menschen zu sehen. Ihr Zusammentreffen scheint nicht ganz so unerbittlich zu sein. Ein orthodoxer Jude hält den Zeigefinger belehrend in die Höhe. Ihm gegenüber steht vermutlich ein Palästinenser, der seine Faust hochhält. Das Aufeinandertreffen wirkt etwas entspannter als beim oberen Paar. Dennoch scheinen beide Figuren unbeweglich zu verharren.

Auf dem dritten Bild malt Lindenberg schließlich seine Version des Himmels auf Erden: die Menschheitsfamilie in ihrer ganzen Unterschiedlichkeit und Vielfalt, friedlich beieinander. Menschen aller Kulturen, Nationen und Religionen, Männer und Frauen, Dünne und Dicke, Nackte und Angezogene, Trinker und Nüchterne, Astronauten und Aborigines. Links unten ist Lindenberg selbst zu sehen, erkennbar am Hut. Alle gehen liebevoll miteinander um. Fast wirkt das Bild wie eine Interpretation der Endzeitvision des Sehers Johannes am Ende der Bibel, wo es über das „himmlische Jerusalem" heißt: „Gott wird abwischen alle Tränen von ihren Augen, und der Tod wird nicht mehr sein, noch Leid noch Geschrei noch Schmerz wird mehr sein; denn das Erste ist vergangen" (Offenbarung 21). Allerdings: Während das biblische Himmelsbild entrückt wirkt, lässt Lindenberg den Menschen ihre Eigenheiten und irdischen Attribute. Er will seine Hoffnung darauf nicht begraben, dass Frieden schon auf Erden möglich ist.

Seiner Meinung nach ist es keineswegs damit getan, dass die Menschen an einen Gott glauben. „Es wird Zeit, dass das Weltgewissen erwacht. Wir sind eine Menschenfamilie und sollten uns alle für das verantwortlich fühlen, was in der Welt passiert", sagt er und möchte dazu beitragen, dass Menschen sich entscheiden, sich zu engagieren. Die Frage ist wie gesagt, „ob du das lebst, zu dem du geschaffen bist: ein Mensch".

Der „Religionsstress" um die Frage, „welcher Gott denn nun der wahre ist", ist Lindenberg zufolge sinnlos. Lindenberg hat Hermann Hesses Roman „Das Glasperlenspiel" gelesen, vielleicht schwirrt ihm auch ein Gedanke daraus im Kopf: „Du sollst dich gar nicht nach einer vollkommenen Lehre sehnen, Freund, sondern nach Vervollkommnung Deiner selbst. Die Gottheit ist in Dir, nicht in den Begriffen und Büchern. Die Wahrheit wird gelebt, nicht doziert!" Dieser Gedanke findet sich auch in einem biblischen Jesus-Wort: „Wer die Wahrheit *tut*, kommt zum Licht" (Johannes-Evangelium 3,21).

Im Jahr 2002 wird der Bilderzyklus erstmals ausgestellt, in der evangelischen Hamburger Hauptkirche St. Jacobi. In der Eröffnungsrede lobt Pastor Reinhard K. Petrick Lindenberg: Für ihn sei immer klar, „dass man an irgendetwas glauben muss, um leben zu können". In einer Gesellschaft, in der „nicht-materielle Werte mehr und mehr ins Hintertreffen geraten, besinnt sich Lindenberg auf Urworte: die Zehn Gebote", freut sich der Pastor – und zeigt sich erleichtert, dass Lindenberg keine Songs über sie geschrieben hat, denn das wäre womöglich ein „Sacro-Pop-Verschnitt" geworden, der allenfalls mildes Lächeln hervorlocken würde. Mit den Bildern habe er „auf spielerische und ironische Weise" versucht, dem Thema gerecht zu werden.

Weitere Ausstellungen folgen. Auch Katholiken entdecken die ungewöhnliche Malkunst Udo Lindenbergs.
2017 werden die Bilder in der Paderborner Gaukirche St. Ulrich gezeigt (Foto rechts). 47 000 Besucher sehen sie, Lindenberg freut sich „gigantisch" über den Erfolg. Veranstalter ist das Bonifatiuswerk, eine Bildungsinstitution der deutschen Katholiken (siehe Seite 110). „Ich selber

hatte noch nie erlebt, dass hier in Paderborn so intensiv über die Zehn Gebote als An-Gebote für das Leben gesprochen wurde", freut sich dessen Generalsekretär Georg Austen. Und sorgt dafür, dass die Ausstellung im Jahr darauf auch beim Katholikentag in Münster gezeigt wird. Hier zählt sie 58000 Besucher. Lindenberg geht es „als Maler, Musiker und Entertainer um die stets bedrohte Menschlichkeit des Menschen, darum, dass wir hinter unseren Möglichkeiten zurückbleiben, wenn wir nur einfach stromlinienförmig tun, was auch alle anderen machen", lobt Georg Austen, „ihm geht es um die Erfahrung von Zuneigung, Nächstenliebe, Freundschaft, Gerechtigkeit und Mitleid, gerade mit den Schwächsten in der Gesell-

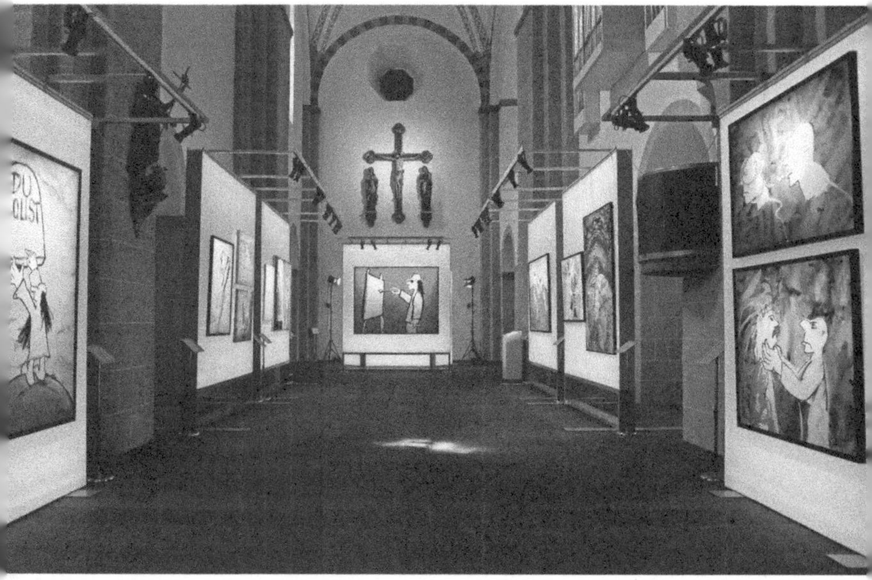

schaft. Um die Suche nach dem wahren Leben also. Das macht mir Udo sympathisch und nahbar: dass er ein radikaler Humanist ist, ein großer Kümmerer, der an das Gute glaubt und nicht um den heißen Brei herumredet, wenn es um Missstände geht. Und da kann ich mich als Christ sehr gut mit ihm treffen". Udo Lindenberg: ein christlicher Humanist?

Katholische Religionsdidaktiker erkennen, dass sich Lindenbergs Bilder gut für den Schulunterricht eignen. Sie geben ein Materialbuch „für Schule und Gemeinde" heraus, das Lindenbergs humanistischen Ansatz im Titel trägt: „Mensch sein". Herausgeber Professor Jan Woppowa ordnet mit künstlerischem Sachverstand die Bilder ein: „Die Bildsprache zeugt von hoher Expressivität, erinnert mitunter sogar an den Expressionismus in der bildenden Kunst. Denn auch in den Bildern Lindenbergs lassen Verzerrungen und Überzeichnungen des natürlichen Erscheinungsbildes den wahren Kern des Dargestellten umso deutlicher hervortreten, wobei eigene subjektive Auffassungen des Künstlers, sein Gefühlsleben und sein subjektiver Blick auf die Welt eine maßgebliche und sichtbare Rolle spielen." In dem Buch finden Lehrerinnen und Lehrer zu jedem Bild des Zyklus Bildbetrachtungen, theologische Gedanken, didaktische Hinweise und Lehrmaterial. Udo Lindenberg, der Lehrer der „bunten Republik Deutschland". Nicht mit Liedern, sondern mit Bildern, für deren Motive er tief in die Schatzkiste der biblischen Überlieferung greift.

Ein kultureller Glücksfall für alle, denen an einer Übersetzung der alten Lehren in die Gegenwart gelegen ist.

7
Durch die Hölle gehen

Von Schutzengeln und weißen Mäusen

„Es geht nicht immer geradeaus, manchmal geht es auch nach unten." Wie wahr. Die erste Zeile des Songs „Durch die schweren Zeiten" spiegelt eine Erfahrung, die jedem vertraut ist. „Das, wonach du suchst, hast du noch immer nicht gefunden": Wie eine persönliche, freundschaftliche Lebensberatung klingt der Song. So, als ob Lindenberg den Hörer, die Hörerin kenne, bis in den Tagesablauf hinein: „Jeden Morgen stehst du auf und kippst den Kaffee runter. Deine Träume aufgebraucht und du glaubst nicht mehr an Wunder. Mit Vollgas knapp am Glück vorbeigerauscht, was dich runterzieht, ey, ich zieh dich wieder rauf." – „Ich?" Lindenberg ist nicht so anmaßend, sich selbst zum Erlöser aus Lebenskrisen zu stilisieren. Diese Rolle mag er nicht. Aber wer ist das, der da in dem Song jemanden aus dem depressiven Tal zieht? Alles deutet daraufhin, dass sich hinter dem „Ich" ein Schutzengel verbirgt. „Ich trag' dich durch die schweren Zeiten, so wie ein Schatten werd' ich dich begleiten", sagt er zu dem krisengeschüttelten Menschen und versucht, ihm Mut zu machen: „Es ist nie zu spät, um nochmal durchzustarten." „Hinter all den schwarzen Wolken" würden wieder gute und „geile" Zeiten warten. Dann fordert er dazu auf, die Uhr wieder „auf Null" zu stellen, „neue Lieder" zu singen und einen Blick von oben auf die Probleme zu werfen. „Wir finden einen Weg, so wie jedes Mal."

Im Lied „Ich zieh meinen Hut" verneigt er sich vor seinem „Schutzengel, der Überstunden schiebt". Viele Bilder aus seinem Panik-Rocker-Alltag findet er: Der himmlische Beistand sei wie eine „superstarke Melodie, die mich packte und nach Hause trug". Oder wie ein gnädiges Publikum, das trotz mangelhafter Leistung des Künstlers zugewandt bleibt: „Du warst da, wenn ich am Boden lag, und ganz egal, was ich auch tat, du hast mich niemals ausgebuht." Er sei schon „so oft überm Jordan" gewesen – „doch du holst mich cool zurück".

Was diese Songs so anrührend und ehrlich macht: Lindenberg war selbst oft schutzengelbedürftig. Er weiß, wie es sich anfühlt, wenn die Seele ins Tal rutscht. In seiner Stimme schwingt mit, was ihn viele Jahre lang zu Boden geworfen hat: Alkohol und Zigaretten. Im Sommer 1989 raucht er 100 Zigaretten am Tag und trinkt Unmengen. Underberg, Liköre, Whisky. Plötzlich, auf dem Weg zu einem Wochenende in Paris, fühlt er ein Stechen in der

Brust. Er fährt ins Krankenhaus. Mit 43 Jahren hat er einen Herzinfarkt erlitten. Doch den Warnschuss des Herzens hört er nicht. Er trinkt weiter. „Immer lustig und vergnügt, bis der Arsch im Sarge liegt." Diese Zeile aus dem Song „Grande Finale" (1981) war eigentlich gegen die Konsumgesellschaft gerichtet, die es ohne Rücksicht auf Umwelt- und Selbstzerstörung ungebremst und uneinsichtig immer weiter krachen lässt. Jetzt, keine zehn Jahre später, müsste Lindenberg die Botschaft an sich selbst richten. Doch ohne Rücksicht auf seine Gesundheit versinkt er immer tiefer im Alkoholsumpf. „Lieber Gott, sei unser Gast, wir saufen, was du uns bescheret hast." Mit diesem verhohnepipelten Gebet bringen sich Lindenberg und seine Saufkumpanen in Stimmung. „Udo, Sohn von Gustav, setzte die Erbfolge konsequent fort in diesem Stammbaum des Suffs", kommentiert Lindenberg-Biograf Thomas Hüetlin sein Verhalten in dieser Zeit.

Lindenberg arbeitet in diesen Jahren an einer LP, die er seinem Vater widmet: „Gustav". Darauf, passend, ein Lied über die Macht des Alkohols. „Unterm Säufermond" hört sich an wie die eigene Geschichte. „Wieder geht ein Tag zu Ende / und die Dämmerung zieht rauf / Leise zittern ihm die Hände". Der Song beginnt mit einem Zustand, den Lindenberg kennt. Offensichtlich spielt die Geschichte im Hotelzimmer, denn „wie magnetisch fällt sein Blick auf die Mini-Bar wie immer". Dann folgt eine Art inbrünstiges Gebet, ein Hilferuf an die Flaschen, die sich hinter der Minibar-Tür befinden: „Gib mir doch 'n kleines Glück / Meine Nerven, die sind, ach / die sind heut' wieder 'n bisschen schwach [...] / Komm, mach mich wieder wach / mach mich bitte wieder wach". Er trinkt – und „Lady Whisky" nimmt ihn „ganz zärtlich in den Arm", sagt zu ihm: „Lass uns beide, du und ich / erstmal richtig einen saufen." Das Verhängnis nimmt seinen Lauf, auf dem Boden sammeln sich die Flaschen, „dieses Zimmer ist ein Sarg", denkt er. Er blickt aus dem Fenster, will Sterne sehen – aber es scheint nur „fahl der Säufermond". „Dieses Leben ist so arm, ferngesteuerte Quälerei", sagt er sich – und öffnet voller Verzweiflung die dritte Flasche Whisky.

Der Song ist die eindrücklichste Anti-Alkohol-Hymne in der deutschsprachigen Musik. Lindenberg zelebriert sie bis heute bei seinen Shows. Er wälzt sich auf dem Boden, legt alle Verzweiflung in seine Stimme, es scheint, als erinnere er sich dabei zurück an die Tage und Nächte im Hotel. An die „Kongresse der Lebensfreude", wie er und seine Kumpels ihre Saufgelage bitterböse nannten. Oder an den Auftritt in der Alsterdorfer Sporthalle, vor dem er sich mit Absinth weggeschossen hatte und den er abbrechen musste. Die Alkohol-Exzesse gehen über Tage. Manchmal kommen Ärzte ins Hotel und legen ihm einen Tropf, andere Male fährt er ins Krankenhaus. 4,7 Promille Blutalkohol ist der traurige Rekord. Einige Freunde reden mit ihm – erfolglos. Gegen die „scharfen Küsse" von „Lady Whisky" kommen keine Argumente an. „Lady Whisky, du falsche Schlange, du sprichst vom Leben und machst mich langsam tot!" Was er schon 1978 im Song „Lady Whisky" gesungen hatte, droht jetzt Wirklichkeit zu werden. Die Gefühle haben sich nicht geändert: die Sehnsucht nach Heilung, „wenn die Welt so höllisch und der Himmel verschlossen und der liebe Gott wieder mal auf fernen Reisen war".

Gottverlassenheit in Krisenzeiten und Depressionen: Dieses Gefühl legt seit Jahrtausenden sogar die Frömmsten zeitweise lahm. „Gott, du bist so weit weg! Komm doch, mein Gott, hilf mir schnell!", betet etwa der Psalmist in der Bibel (Psalm 71,12) und beteuert: „Ich gebe meine Hoffnung nicht auf!" Auch Lindenberg nicht. Aber bei ihm hört sich das anders an. Als „gnadenlosen Optimisten" beschreibt er sich. Ihn trage der „Glaube daran, dass ich nicht alleine bin". Kraft beziehe er „aus einem fernen Land, das hinter den Sternen liegt. Die Energie, die dann durch die Wolken knallt und schließlich bei mir ankommt. Alles das hilft mir, durch meine Krisen zu kommen". Frömmlerische Phrasen sind Lindenbergs Ding nicht. Fromm hingegen ist es schon, wenn er die himmlischen Kräfte als Lebenshilfe beschreibt.

Sie wirken wohl auch, als er 1979 in Unterhose auf der Fensterbank eines New Yorker Luxushotels steht. Seine Mutter ist gestorben. „Pass gut auf dich auf und sei ein braver Junge", hat sie ihm auf dem Sterbebett gesagt. Die Todesnachricht wenig später warf ihn um. Er war so am Boden, dass er seine Tournee unterbrechen musste. Trost sucht er in der Ferne und im Alkohol. Doch der hilft nicht, sondern zaubert ihm weiße Mäuse ins Delirium. Lebensmüde steigt er auf die Fensterbank – und springt doch nicht. Warum? Weil es Mutter Hermines letztem Wunsch nicht entsprechen würde. Braver Junge sein geht anders, auf sich aufpassen auch.

Knapp 30 Jahre später schreibt er einen Song, der mit dem Suizidgedanken spielt. „Nimm dir das Leben", heißt es darin. Die vier Worte sind mehrdeutig und lösen sich im Hoffnungsappell auf: „Nimm dir das Leben und lass es nicht mehr los!" Wieder schlüpft er als Sänger in die Rolle eines guten Freundes. „Wir sind doch keine Automaten –

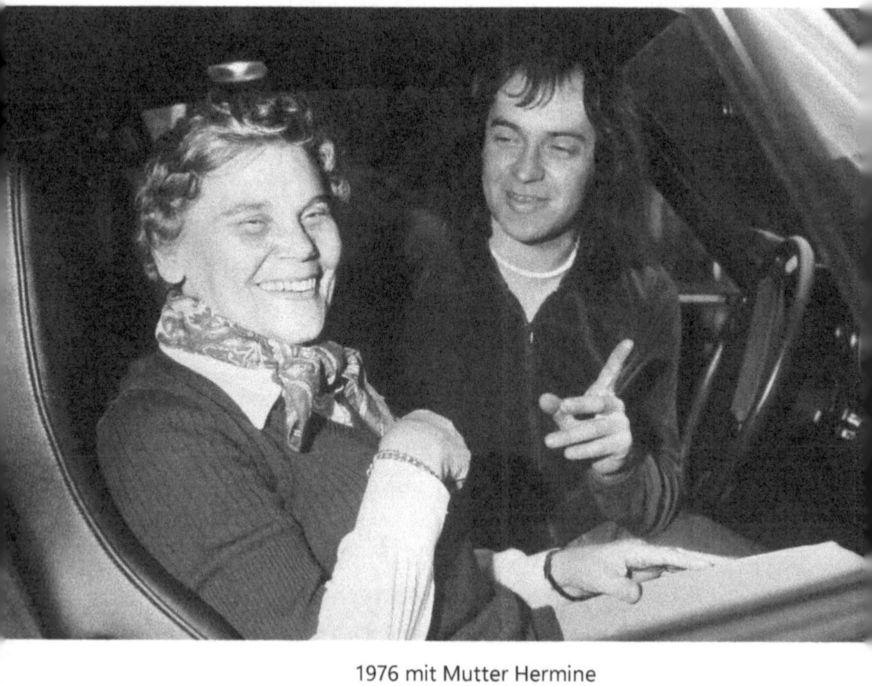

1976 mit Mutter Hermine

wir sind ein Wunder, du und ich", sagt er zum Lebensmüden und erinnert ihn an sein Lebenskraft: „Wo ist deine Power hin, wo ist sie geblieben? [...] Nimm dir das Leben, greif's dir mit beiden Händen, mach's wieder stark und groß."

Manchmal kann Lindenberg selbst nicht glauben, dass er sein eigenes Leben tatsächlich wieder „stark und groß" gemacht hat. „Die Götter haben's wirklich gut mit mir gemeint", singt er im Song „Muss da durch" und sieht kommenden Krisen willensstark entgegen: „Ganz egal, wohin die Stürme mich auch wehen, und wenn es sein muss, werd' ich durch die Hölle gehen." Und im Song „Niemals dran gezweifelt" gesteht er 2018: „Ich hab niemals dran gezweifelt, dass ich das überstehe."

2021 wirft er einen neuen Blick auf seine Lebenskrisen und erkennt weitere Gründe dafür, dass er seine Spur immer wieder verlor, aber auch wiederfand: Er sei „falschen Geistern nachgejagt" und habe inmitten der Action seine „innere Stimme" nicht mehr gehört, heißt es im Song „Kompass". Heute jedoch hört er bei schwierigen Entscheidungen auf sein Herz und empfiehlt dies auch anderen: „Dein Herz ist dein Kompass und weist dir den Weg." Der Song könnte als Vertonung einer Bibelstelle ins nächste Kirchengesangbuch aufgenommen werden: „Folge dem, was dein Herz dir rät", heißt es im Buch Sirach (37,13).

8
Vor Gott den Hut ziehen, aber nicht vor der Kirche

Das Hotelzimmer als Klosterzelle

Auf der Bühne führt Lindenberg die Scheinheiligkeit mancher katholischer Kleriker vor – so drastisch, dass es schmerzt. Und gleichzeitig unterstützt er die Mission der katholischen Kirche. Wie passt das denn zusammen? So schwer ist das gar nicht zu verstehen. Lindenberg ist zu klug, als dass er die Kirche undifferenziert in die Tonne tritt. Er unterscheidet. Dass Menschen von Jesus und vom Glauben erfahren und sich dann ein eigenes Bild davon machen, ist ihm wichtig. So wichtig, dass er sich (wie viele andere auch) darüber empört, wie die Kirche allzu oft die einfache Botschaft der Liebe Gottes bis zur Unkenntlichkeit verzerrt. Lindenberg ist kein Kirchenhasser. Das Eis, auf dem Theologen ihre Pirouetten drehen und Kämpfe ausfechten, ist ihm zu dünn. Auch möchte er mit seinen karikierenden Darstellungen der kirchlichen Doppelmoral keine billigen Schenkelklopfer erzeugen. Lindenberg blickt nicht mit Schadenfreude, sondern mit liebevollem Blick auf die Menschen, die sich durch kirchliche Gesetze oder starre religiöse Moralvorstellungen davon abbringen lassen, ihren eigenen Weg zu finden. Denjenigen Nonnen und Mönchen, die ihr menschliches Bedürfnis nach Sexualität bloß unterdrücken, begegnet er nicht mit Häme – er wünscht ihnen nur, dass sie sie mutig ausleben können. Denn warum sollten Menschen, die in der Kirche Halt suchen, auf ihre Freiheit und Menschenrechte verzichten? Macht-Kleriker wünscht er nicht in die Hölle – er wünscht sich lediglich, dass sie erkennen: Mit Jesus hat das, was sie da sich selbst und anderen Gläubigen als Frömmigkeit anpreisen, nicht mehr viel zu tun.

Die Kirchenkritik Lindenbergs ist kein Klamauk. Sie führt auf künstlerische Weise die Kluft zwischen Anspruch und Wirklichkeit vor Augen, die die Kirche durchzieht. Das Instrumentarium, dessen Lindenberg sich dabei bedient, ist genauso derb wie das des Reformators Martin Luther, der auf den „Papstesel" in Rom schimpfte und ihn sogar im Bund mit dem Teufel sah.

Diesen Widersacher Gottes findet Lindenberg allerdings nicht so spannend. Während „Gott" in 37 seiner Songs vorkommt, findet der Teufel nur in vier Liedern Erwähnung, und das nur beiläufig. Bis auf einen Song, der ist allerdings ein Cover eines Rolling-Stones-Hits, geschrieben von Mick Jagger und Keith Richards: „Sympathy for the Devil". Der mitreißende Rocksong ist ein kluger Versuch, dem Teufel auf die Schliche zu kommen. Lindenberg überträgt den Text aus dem Englischen, ohne ihm Tiefe zu nehmen. Der Inhalt könnte auch in einem theologischen Seminar diskutiert werden. „Seit einer Ewigkeit" geht der gefühllose Teufel in der Maskierung eines „Mannes von Welt und Stil" durch die Welt und raubt Seelen. Er hat gesehen, wie Jesus litt und Pilatus sich die Hände in Unschuld wusch. „Was Sie irritiert, ist mein Handeln ohne Sinn“, lässt Lindenberg ihn singen. „Ich lachte laut, weil die Lügner regier'n, sie schaffen Götzen, für die ganze Völker krepier'n.“ Im Angesicht des Teufels ist die Einteilung in Gut und Böse – Gottergebene und Teufelsgläubige – hinfällig, weil auch „der Frömmste fallen kann und jeder Sünder heilig ist“. „Engel Luzifer“ möchte der Teufel genannt werden und fordert Respekt von den Menschen.

Mit den vermeintlich „Frömmsten“ beschäftigt sich Lindenberg 1984. Im Song „Nonnen“ nimmt er Ordensfrauen aufs Korn: „Nonnen, immer fromm und heilig, auf die Dauer langweilig – den Rosenkranz immer rauf und runter [...] und was sollen sie auch versauern hinter grauen Klostermauern?“ Als der Song erscheint, hören ihn auch zwei Franziskanerinnen. Die Ordensfrauen laden Lindenberg zu sich ein. „Die haben mir gleich ein paar Sachen erzählt, die ich noch nicht bedacht hatte“, erzählt er anschließend und lobt die „freundschaftliche Atmosphäre“ hinter den Klostermauern. „Ich hab' den Mädels gesagt: Demnächst, wenn mal wieder große Demos sind, zum Beispiel in der Friedensbewegung, dann müsst ihr doch eigentlich ganz weit vorne in der ersten Reihe mit dabei sein. Ihr könnt doch nicht einen auf Zurückhaltung machen, das geht nun wirklich nicht. Denn wenn Kirche 'n Instrument ist, soll Kirche auch mitspielen, soll nicht mit einem alten Optionsschein aus früheren Jahrhunderten sich zurückhalten und sagen: ‚Wir wissen sowieso, über allem drüber sieht das so und so aus' – sondern sich richtig in politisches Leben einschalten, sich einmischen. Nicht in bestimmender, aber in einer konzentrierten Aktion." Der Klosterbesuch wirkt nach – Lindenberg entschärft den Text. Die „Nonnen" werden vermutlich einige seiner Vorurteile zurechtgerückt haben. Er erfährt, dass sich viele Ordensleute sehr aktiv in der Friedensbewegung engagieren – und dass Sexualität ein wichtiges, aber eben nur eines der Themen des Lebens ist.

Bei aller Empörung über die Missstände in den Kirchen ist Lindenberg Draufhauen zu billig. Das mag daran liegen, dass er ein positives Bild von Jesus hat. Für Menschen von der Straße hegt er große Sympathien. Also auch für ihn. Es gibt einen Text über Jesus, den er nie vertont hat. Darin heißt es:

Irgendwo in einem Bretterhaus
zieht man ihn aus einer ahnungslosen Mutter raus
plötzlich bleibt die Erde steh'n
und man kann wieder übers Wasser geh'n.
Jetzt gibt es wieder was zu seh'n,
die tollsten Wunder gescheh'n.
Wenn das nicht passiert, und zwar möglichst bald,
dann ist das Loblied bald verhallt,
dann wird die Kirche abgeschafft.
Scheinchristen sind so abgeschlafft.

Die letzte Zeile könnte eine Überschrift in einer frommen Kirchenzeitung sein. Denn auch in den Kirchen wünscht man sich, dass Menschen nicht nur pro forma Mitglied

sind, sondern dass der Glaube wieder Leidenschaft in ihnen weckt. Es kommt nicht auf den Taufschein oder die Kirchenmitgliedschaft an, sondern darauf, dass Menschen die Kraft spüren und weitergeben, die sie im Glauben finden.
Dabei will auch das „Bonifatiuswerk der deutschen Katholiken" helfen. Seiner Selbstdarstellung zufolge unterstützt dieses „Hilfswerk für den Glauben" „katholische Christen dort, wo sie in einer extremen Minderheitensituation, in der Diaspora, ihren Glauben leben". Es fördert katholische missionarische Projekte in Deutschland, Nordeuropa und im Baltikum. Überraschend: Udo Lindenberg arbeitet mit dem Bonifatiuswerk eng zusammen. Sein Bilderzyklus über die Zehn Gebote wurde wie gesagt mehrmals durch das Bonifatiuswerk in Ausstellungen präsentiert. Für eine

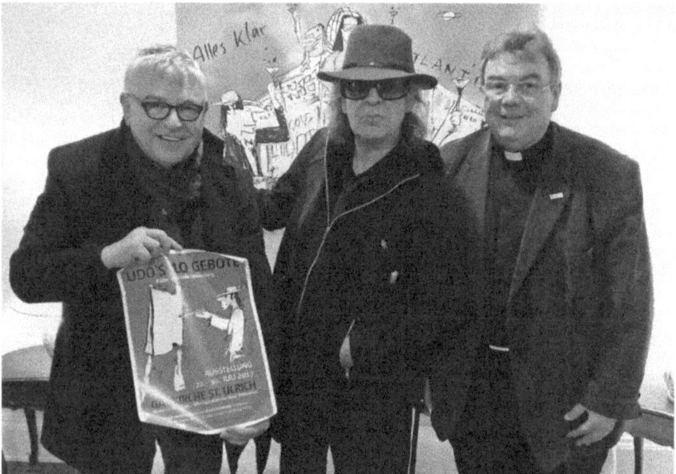

Mit Kiez-Pfarrer Karl Schultz (links) und Monsignore Georg Austen, Generalsekretär des Bonifatiuswerks

Aktion zum 6. Dezember malte Lindenberg mit schnellem Strich den heiligen Nikolaus – mit Lindenberg'scher Frisur und einer Gitarre in der Hand. Die Erlöse aus dem Verkauf kommen dem Hilfswerk zugute. Udo Lindenberg, ein Missionar? Eine ungewohnte Seite des Panik-Rockers, die er aber in Interviews nicht verschweigt.

Der Heimatprovinz Gronau entkommen, war der auf Großmutters Wunsch hin Spätgetaufte zunächst aus der Kirche ausgetreten. „Ich fand das langweilig, wie ich überhaupt an der Kirche vieles sehr langweilig finde", erzählt er, „ich wollte mit meinen Steuergeldern die Kirche, so wie ich sie damals gesehen hab in der Bundesrepublik

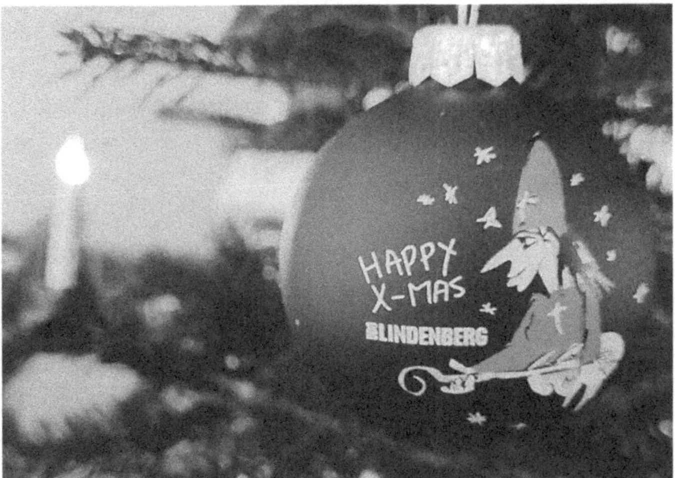

Deutschland, nicht unterstützen." Den christlichen Glauben allerdings hat er nie verworfen: „Das ist ja ein sehr wichtiger Ansatz. Wenn man den nur umsetzen würde in praktisches Leben, in echtes, tagtägliches Leben, also in praktiziertes Christentum! Oder einfach so als Leitgedanke: sensibel sein für andere, auf sie eingehen, sie nicht niedermachen. Das wäre ja dann auch politisch eine unheimlich wichtige Sache." Sofort zieht er eine Linie vom Glauben in die heutige Wirklichkeit. „Zurzeit kriegen wir ja mit, wie schnell und dumpf und doof mit Menschen umgegangen wird, die anderer Herkunft sind, auch eine andere Religionsquelle haben, eine andere Mentalität, andere Kultur. Auf die ‚Fremden' sensibelmäßig zuzugehen, neugierig, mal gucken: Was können wir zusammen machen, wird das Leben dadurch bunter, weiter die Gedanken ...? Da hab' ich schon immer Möglichkeiten gesehen, diese Ansätze, die auch aus der Religion kommen, in praktisches Leben, einfach in gutes, auch politisches, schnelleres Leben umzusetzen. Deswegen stell ich mich ja auch nicht hin und sag: Brennt die Kirchen ab!" Und: Ja, als vom Christentum geprägt würde er sich auch bezeichnen.

In gewisser Hinsicht ist Lindenberg Protestant. Er braucht keine Kirche als Vermittlerin zu Gott. In einem Song gibt er sein „Exklusiv-Interview" mit Gott preis. „Ey, wieso lässt du uns so lange hängen?", fragt er. „Wenn du doch der liebe Gott bist, warum lässt du dann Kriege zu?" Und was antwortet Gott? „Ihr wisst doch, ich habe eure Welt so schön für euch erschaffen. Doch ihr, ihr habt sie vollgeknallt mit Waffen. Ja, wenn der Mensch nicht weiter weiß, dann macht er mir den Himmel heiß. Doch es nützt kein Beten – kümmert euch jetzt mal selber um euern Planeten!"

Es gibt viele erstaunliche, positive Berührungspunkte zwischen Lindenberg und der katholischen Kirche. Einer befindet sich in St. Pauli an der Reeperbahn, dem Lieblings-Boulevard Lindenbergs. Die Straße „Große Freiheit" geht von der für Sex und Crime bekannten „geilen Meile" ab, auf der sich Sex-Clubs an Schmuddelkneipen und Spielhallen reihen. Dazwischen liegen aber auch Musikclubs wie die „Große Freiheit 36" oder früher der „Star Club", in denen sich Weltstars und lokale Bands seit Jahrzehnten die Bühnenklinke in die Hand gaben und geben.

Am Ende der „Großen Freiheit", gleich hinter der Olivia-Jones-Bar und der „Thai-Oase", ragt eine barocke Fassade aus der Häuserzeile hervor. Auf dem Dach prangt ein goldenes Kreuz – Symbol einer spirituellen Befreiung, die gar nicht so leicht zu verstehen ist: Dass Jesus Christus am Kreuz alle Sünden der Menschheit auf sich genommen – und dadurch die Menschen wahrhaft befreit hat, dass die Liebe stärker ist als Sünde, Verirrung und Tod, daran glauben Christen bis heute.
Hier auf der „sündigen Meile" haben sich schon viele Missionare versucht. Was heute eher als Krankheit gilt – Sexsucht oder Alkoholismus –, galt lange vor allem als Sünde.

Und je offensichtlicher die Sünde, desto erlösungsbereiter müssten doch auch die Menschen sein, dachten sich die Männer und Frauen der Heilsarmee. Mit Musik, Kneipenpredigten und viel Liebe brachten und bringen sie Jesus an Orte, an die sich andere Missionare nicht trauen. Gut so, denn wer an den Theken hier versucht, sich seine Gefühle wegzusaufen, hat große Probleme. Und wer versucht, auf dem Straßenstrich oder in Hinterhaus-Bordellen sein eigenes Liebes-Paradies zu finden, macht früher oder später die bittere Erfahrung: Geil ist's schon, aber nicht wirklich befriedigend.

Das Kreuz über dieser „Großen Freiheit" schmückt das Dach der katholischen St.-Joseph-Kirche. Vor 300 Jahren wurde sie errichtet. In den 70er-Jahren spielte hier Schauspiellegende Curd Jürgens den „Pfarrer von St. Pauli". Der echte heutige Pfarrer dagegen widerspricht jedem Klischee eines katholischen Priesters. Karl Schultz ist wohltuend weltzugewandt – und wirbt auf menschliche Weise für den christlichen Glauben. Eine Kirche, die Toleranz und Respekt nicht nur fordert, sondern auch lebt, wünscht er sich. „Gedankenlosigkeiten und Lieblosigkeiten" solle sie endlich ablegen und mit den „Widersprüchlichkeiten und Ambivalenzen des Lebens" angemessen umgehen.
In Kirchen könnten die Menschen „der Poesie des biblischen Wortes" begegnen, meint Schultz, der die Erkenntnisse seines bewegten (Berufs-)Lebens 2022 in einem Buch veröffentlichte. Der Titel: „Zwischen Kirche und Kiez". Auf der Coverzeichnung lächelt Schultz dem Leser in Priesteranzug mit Kollarhemd und Hut entgegen – ein

Glas Rotwein in der Hand, im Hintergrund ein rotes Kreuz. Die Zeichnung stammt – von Udo Lindenberg. Der hat sogar das Vorwort geschrieben, denn mit Pfarrer Schultz verbindet Lindenberg einiges: die Suche nach dem, was hinterm Horizont ist; die Liebe zu Menschen, die aus dem Raster fallen, und die Liebe zum St.-Pauli-Kiez. Als er seine neue Pfarrstelle in der St.-Joseph-Kirche antrat und Lindenberg zum ersten Mal begegnete, hat der Priester den Panik-Rocker direkt angesprochen: „Ich bin Karl, der neue Kiez-Pfarrer, das ist doch auch dein Revier, der Kiez!" Lindenberg entdeckte in dem ungewöhnlichen Priester einen „prima Kumpel", einen „glaubwürdigen Sympathievertreter seiner angefochtenen Zunft". Die beiden verstanden sich sofort. Die Bilder zu den Zehn Geboten müssten doch unbedingt in der St.-Joseph-Kirche auf der Großen Freiheit ausgestellt werden, meint der Pfarrer später. Lindenberg willigt ein. Pfarrer Schultz freut sich und pariert geduldig die Kritik konservativer Gemeindeglieder.

„Er ist der richtige Gottesmann auf dem Kiez", freut sich Lindenberg im Vorwort zu Schultz' Buch, „Offenheit und Freiheit sind Erkennungszeichen eines Mannes, der für seine Kirche malocht, obwohl sie ziemlich am Pranger steht, und teils zu Recht. Darunter leidet Karl wie ein geprügelter Hund." Lindenberg genießt die Narrenfreiheit, die ihm das Vorwort lässt, und kostet sie auch aus. „Der FC Vatikan hat wieder mal ein Eigentor geschossen: Segnungsverbot für Homosexuelle, das geht gar nicht, das versteht auch keiner, nicht mal Karl." In welchem anderen Buch eines katholischen Theologen finden sich schon solche Sätze? Ein Priester, der sich traut, seinen eigenen Worten solch kirchenkritische voranzustellen – das dürfte tatsächlich ein besonderer Mensch sein. Kein Wunder, dass Udo diesen Pfarrer als „unseren Panik-Seelsorger" bezeichnet – und als „Geheimrat für Kirchenfragen zu Themen wie Ehe, Zölibat und anderen heißen Eisen".

Auch für eine Nachbarkirche von St. Joseph, den sogenannten „Kleinen Michel" in der Hamburger Innenstadt, tut Lindenberg Gutes. Als die Gemeinde Geld für eine neue Orgel braucht, hilft er mit einem besonderen Projekt. Er überträgt die Weihnachtsgeschichte in seinen Udo-Slang. Verkündigung, Herbergssuche, Geburt, Hirten und die Weisen aus dem Morgenland: Alles klingt irgendwie vertraut, aber doch ziemlich ungewöhnlich.
Bemerkenswert: Lindenberg wahrt bei aller Umgangssprachlichkeit den Respekt vor der alten Geschichte. So zweifelt er etwa die Jungfrauengeburt nicht an. Er nimmt die dunklen Gedanken Josefs auf, der plötzlich damit klarkommen muss, dass seine Verlobte ohne sein Zutun schwanger geworden ist. In der Nacht erschien ihm der Erzengel Gabriel und sagte: „Also Josef, alter Junge, ich bin der Engel des Herrn und die Sache mit deiner Braut geht in Ordnung. Das war kein Hausfreund, das war der Heilige Geist persönlich." Maria und Josef ziehen nach Bethlehem, Jesus wird geboren. Auf den Feldern in der Nähe erscheint den frierenden Hirten der Engel mit einem „Riesenorchester und mit Chor und mit allem Drum und Dran", sogar eine Lightshow gibt es. Seine Botschaft: „Jungs, keine Panik, ich hab 'ne göttliche Nachricht für euch! Ihr wolltet

doch schon immer einen Erlöser, so einen richtig guten Typen, der für alles zuständig ist, euch die Sünden abnimmt, einen, der vom Himmel kommt und hier mal endlich Frieden schafft [...]. Stimmt's? Seht ihr, jetzt habt ihr einen. Grade ist er geboren worden. [...] Das ist der, auf den ihr immer gewartet habt. Jesus heißt er. Lasst eure Schafe mal 'ne Stunde alleine und geht hin zum Gratulieren." Im Stall war „ziemliches Gedränge und eine Riesenstimmung". Und dann kommen auch noch die drei Weisen aus dem Morgenland, „gute Menschenkenner".

Lindenberg ist „eng am Text" geblieben, würden Theologen wahrscheinlich sagen. Am Ende allerdings fügt er einen Epilog an, in dem er seinem Ärger Luft macht: „Und heute schiebt Jesus mit inzwischen verheilten Händen und Füßen die Wolken zur Seite und guckt sich den kranken Weihnachtszirkus hier unten an und denkt: ‚Diese traurigen, scheinheiligen Christen, lamettabehangene Alibi-Abholer einmal im Jahr. Wie soll ich das bloß wieder unserem Vater klarmachen?'" Die Weihnachtsgeschichte nach Udo erschien 2011 als Buch. Das evangelische „Gütersloher Verlagshaus" fügte dem Lindenberg-Text noch die Luther-Übersetzung sowie klassische Weihnachtsmotive bei. Und eine CD, auf der Lindenberg sein Weihnachts-Evangelium selbst liest und Panik-Pianist Gottfried Böttger mit anderen Musikern Weihnachtslieder spielt. So entstand ein denkwürdiges Geschenkbüchlein – dessen Erlös ein paar Pfeifen der neuen Orgel finanziert haben dürfte.

Es scheint, als bediene sich Lindenberg bei seiner religiösen Odyssee an der Weisheit seines Lehrers Hermann Hesse. Er habe während seiner ganzen Jugend „keine religiösen Erlebnisse" gehabt, schreibt Hesse in einem Text über seinen Glauben. „Im Vergleich nun mit diesem so eng eingeklemmten Christentum [...], diesen meist so langweiligen Pfarrern und Predigten, war freilich die Welt der indischen Religion und Dichtung weit verlockender. Hier bedrängte mich keine Nähe, hier roch es weder nach nüchternen graugestrichenen Kanzeln noch nach pietistischen Bibelstunden, meine Fantasie hatte Raum." Die Formen seiner persönlichen Religionen hätten sich während seines Lebens oft verändert, schreibt Hesse, „niemals plötzlich im Sinn einer Bekehrung, stets aber langsam im Sinn von Zuwachs und Entwicklung". Dann erinnert er an seine Romanfigur Siddhartha. Bei dem habe „nicht die Erkenntnis, sondern die Liebe" obenan gestanden, er habe „das Dogma abgelehnt und das Erlebnis der Einheit zum Mittelpunkt gemacht". Hesse interpretiert das erstaunlicherweise nicht als Hinwendung zum Buddhismus, sondern „als ein Zurückneigen zum Christentum". Siddhartha trage mit seiner an der Liebe orientierten Spiritualität eigentlich einen „protestantischen Zug". Ganz im Sinne des Apostels Paulus, der die Liebe als wichtigste Kraft des Lebens bezeichnete, wichtiger sogar als Glaube und Hoffnung.

Hermann Hesse und besonders sein „Siddhartha" sind seit Jugendzeiten auch in Lindenbergs Kopf und Herz geblieben. „Hesse ist in meiner DNA", sagt er heute. Vielleicht erwächst daraus auch die Wertschätzung, die Lindenberg bei aller Kritik den Religionen gegenüber aufbringt. Gleichzeitig sucht er, wie Hesse, weiter nach etwas, das „allen menschlichen Konfessionen und Formen der Frömmigkeit gemeinsam ist, was über allen nationalen Verschiedenheiten steht, was von jedem Einzelnen geglaubt werden kann". In Udo-Sprache klingt das so: „Immer habe ich versucht, das höhere Ding zu finden, was für alle Menschen unabhängig von Religion, Nation oder Gesellschaftsgefüge verbindlich sein kann, eine Wertewelt für alle, an der sich alle orientieren können im Sinne des Zusammenfindens der Planeten-Gemeinschaft."

Die Suche nach dem „Weltgeist"? Vielleicht. Dass es, um dem und sich selbst auf die Spur zu kommen, neben dem ganzen Panik-Leben auch mal Ruhe braucht, weiß auch Lindenberg. Das Leben im Hotelzimmer ermögliche „klösterliche Abgeschiedenheit", wenn er sie brauche. Hier könne er meditieren und auf die Reise nach innen gehen.

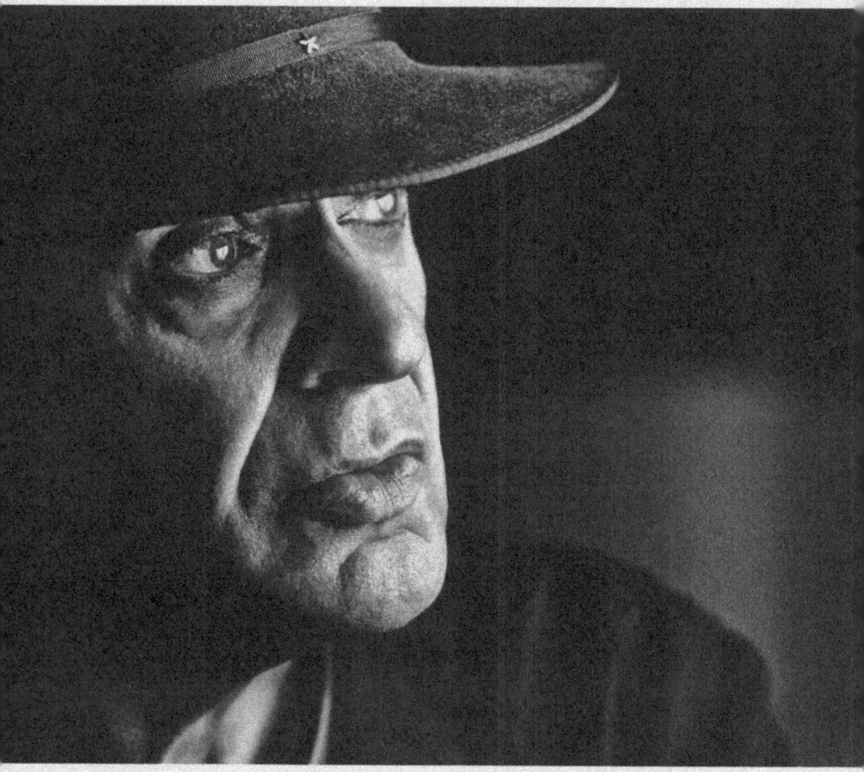

9
Was hinterm Horizont wartet

Ein Jenseits voller Wundertüten

Udo sitzt an der Bar, eine Flasche „Feierlikör" steht auf der Theke, die dicke Zigarre qualmt in der Hand. Hinter ihm taucht der Sensenmann auf. „Der Sand im Stundenglas neigt sich dem Ende zu", sagt er mit hämischem Gesicht, „du trittst deine letzte große Reise an!" Lindenberg bleibt panikfrei. „Ey sorry, ich kann hier echt noch nicht weg." Dann kippt er seinen Likör über das Stundenglas; der Sand verklebt, die Lebensuhr ist gestoppt. Gevatter Tod ist verdattert. „Komm mit, ich zeig dir meinen Trick. Ich werde noch als Mutmacher gebraucht", meint Udo und fliegt engelsgleich mit dem Sensenmann im Schlepptau durch die Figuren seines Song-Kosmos'. Dann setzt er sich mit ihm vor eine Leinwand. Gemeinsam schauen sie das ganze Leben Lindenbergs an. Ein Schnelldurchlauf vom Gronauer Elternhaus bis zur gigantischen Stadion-Open-Air-Show, durch tiefste Abgründe und größte Lieben, durch Malerei und Musikmachen, durch Freudentaumel und Trauerkrisen. Am Ende ist

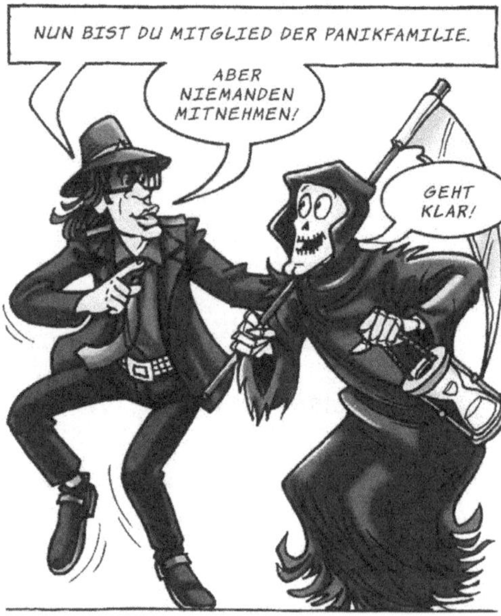

Gevatter Tod schwer beeindruckt und vergisst ganz seinen Auftrag. „Im schlimmsten Fall bist du unsterblich", sagt er zu Udo. Ein Dialog entspannt sich: Udo möchte vom Tod wissen, „was am Ende des Tunnels ist". „Ich weiß genauso wenig wie du, was nach mir kommt", sagt Gevatter Tod mit ratlosem Gesicht. Dann ernennt Udo ihn zum Mitglied der Panik-Familie und lädt ihn mit locker wippenden Knien zum Tanz.
So stehts geschrieben und gezeichnet – im Comic „Udo Lindenberg – Keine Panik, die Legende lebt". Ulrike Albers und Joachim Saurer haben Udo und den Tod mit Hilfe ihrer Comic-Kreativität berückend in Szene gesetzt. Aus theologischem Blickwinkel betrachtet könnte man die Message auch mit der frommen Doppelweisheit Martin Luthers ausdrücken: „Mitten im Leben sind wir vom Tod umfangen. Und mitten im Tode sind wir vom Leben umfangen." Der Tod knallt ins Leben. Lindenberg lässt

sich nicht von ihm schrecken, sondern nutzt seine Anwesenheit, um das Leben Revue passieren zu lassen. Die Darstellung im Comic wirkt wie eine aus dem Mittelalter in die Postmoderne übertragene Totentanz-Szene. Ein Tanzreigen vorm Horizont und ein Vorgeschmack darauf, was uns dahinter erwartet. Allerdings: Wie es genau wird hinterm Horizont, das weiß niemand. Nur, dass es da weitergeht.

Der Horizont eignet sich besonders gut als religiöses Symbol für die Endlichkeit. Der Blick endet dort; alles irdisch Wahrnehmbare liegt davor. Klar ist: Dahinter geht es irgendwie weiter. Aber wie, das lässt sich nicht sagen. Versuche, den Horizont zu überlisten, schlagen fehl. Auch wenn man sich auf ihn zubewegt, bleibt er in derselben Entfernung – und lässt den Fantasien freien Lauf, wie es hinter ihm aussehen mag.
Für Lindenberg wird der Horizont zum poetischen Ausdruck für die Begrenztheit des irdischen Lebens, an dessen Ende der Tod wartet, nach dem es aber in einer anderen, himmlischen Sphäre weitergeht bis in alle Ewigkeit. Mit „Hinterm Horizont" gelingt ihm ein spiritueller Pop-Song, der die Kraft dieses Symbols nutzt. Entstanden ist er in tiefer Trauer. Am 30. Mai 1986 war seine langjährige Weggefährtin und gute Freundin Gabi Blitz gestorben. Sie hatte ein bewegtes Leben hinter sich und war Ende der 70er-Jahre zur Panik-Familie gestoßen. Mit ihrer enormen Energie und ihrem Charisma hatte sie Lindenberg Stärke gegeben. Die beiden waren „ein Paar wie Blitz und Donner". Gabi Blitz' exzessives Leben endete nach

einer Überdosis Tabletten und Drogen. Lindenberg ist am Boden. „Zwei wir, das war einfach unschlagbar, so was Großes geht nicht einfach so vorbei" singt er im Song für sie und ist gewiss: „Hinterm Horizont geht's weiter!" Der Begriff „Freunde für die Ewigkeit" ist für ihn keine Phrase, sondern weist auf die Untrennbarkeit der Beziehung zu einem Menschen hin, den man liebt. Über die Musik gelangt der Song ins Herz seiner Hörerinnen und Hörer. Und wenn Lindenberg ihn auf der Bühne mit einer Duettpartnerin singt, wird seine Tiefe immer wieder spürbar.

Dass Verstorbene noch immer bei den Lebenden sind – davon ist Lindenberg überzeugt. Er freue sich schon jetzt darauf, „später im Nirwana eine Band mit Jimi Hendrix aufzumachen", erklärte er einmal. Auch Gustav und Hermine, seine Eltern, weiß er hinterm Horizont. „Die beiden bekommen da oben alles mit", ist er sich sicher. „Manchmal spreche ich mit ihnen und weiß, dass sie stolz sind, dass aus ihren Kindern was Korrektes geworden ist und es uns gut geht. Bei jedem Konzert schaue ich nach oben durch die Wolken und fühle, dass sie dabei sind." Einmal sogar mit sichtbarer Wirkung. Vor einer Open-Air-Show stürmte und hagelte es. Dennoch startete die Show. Lindenberg blickte in den Himmel und sagte: „Hermine und Gustav, bitte klärt den Himmel auf!" In einer TV-Dokumentation erzählt er, wie es weiterging: „Ich denk, ich spinn. In der Sekunde meines Anfluges geht die Sonne auf, ja, Wolken zur Seite, ja, kein Hagelschlag mehr. Ein Gruß aus der Tiefe des Alls. Und Hermine und Gustav haben das sehr gut geregelt!"

Was das mit dem Glauben zu tun hat? „Ich glaube an etwas, was ich Gott nenne. Was das aber genau ist, muss ich noch herausfinden", erzählt Lindenberg, „ich bin kein christlicher Mensch, aber ich glaube an ein Leben nach dem Tod. Ich bin irgendwie davon überzeugt, dass das Leben nicht mit dem Tod endet." Und er ist sich sicher, „dass hinter dem ganzen Geheimnis des Seins mehr steckt als der rein biologische ..."

Vielleicht ist Humor nicht der schlechteste Weg, um mit der Erschütterung über die Unvermeidbarkeit des Todes umzugehen. Da würden sicherlich ein paar „Wundertüten" warten, meint Lindenberg.

Mehr Gedanken als über sein eigenes Ergehen hinterm Horizont macht er sich jedoch darüber, wie die Welt wohl auf seinen Tod reagieren wird. Wie würde wohl der Nachrichtensprecher seinen Tod verlesen? „Später spricht dann Wilhelm Wieben: Er ist sich immer treu geblieben", singt er im Song „Mein Ding". In einem anderen: „In der Tagesschau, ganz eilig, sprechen sie ihn sofort heilig." Lindenbergs Selbstironie lässt sich auch nicht durch ein existenzielles Thema wie den Tod stoppen. „Wenn die Nachtigall verstummt", singt er im gleichnamigen Song, „geht ganz Deutschland schwer vermummt, um zu trauern, um zu weinen, in schwarzen Tüchern und in Leinen. Und oben über den Dächern schwebt ihr allerletzter Song."

Neben allem Augenzwinkern kennt Lindenberg auch die abgrundtiefe Trauer, die der Tod mit sich bringt. Im Jahr 2006 stirbt sein Bruder Erich, Udos enger Vertrauter. Ein halbes Jahr zuvor war er aus München nach Berlin gezogen, in seinem Atelier in Kreuzberg wollten die beiden ungleichen Brüder auch gemeinsam arbeiten. Und nun ist er hinter den Horizont gegangen. Einfach so. Udo Lindenberg ist zutiefst erschüttert. „Der Tod ist ein Irrtum. Ich krieg' das gar nicht klar. Die rufen gleich an und sagen: ‚Es ist doch nicht wahr'", sagt er nach der Trauerfeier zu einer Freundin seines Bruders. Als er zurück in seinem Hotelzimmer ist, denkt er an den Tod seiner Mutter. Und jetzt der Bruder. Und wieder ist es sein verhängnisvolles Verhältnis zum Alkohol, über das Lindenberg nachdenkt. „Entweder ich sauf mich tot oder ich versuch noch mal ein richtiges Comeback", sagt er zu sich selbst.

Der Tod des Bruders ruft verschüttete Kräfte wach. Lindenberg fasst den Entschluss, mit dem Trinken aufzuhören und nochmal richtig durchzustarten. Er findet Menschen, die für sein Comeback brennen. Mit dem Produzenten Andreas Herbig setzt er sich hin und trägt Ideen zusammen – die Hesse-Bücher natürlich dabei. Er schreibt neue Songs, auch für seinen Bruder. „Der Fährmann setzt dich übern Fluss rüber – ich spür', deine Kraft geht voll auf mich über. Stark wie zwei, ich geh' die Straße runter, stark wie zwei – egal, wohin ich geh', du bist dabei. Ich bin jetzt stark wie zwei." Und nun will Udo in seines Bruders Namen „richtig weiterpowern". Am Ende des Songs ein persönliches Wort an ihn: „Du bist wie schon so oft ein Pionier. Du reist jetzt schon mal vor, und irgendwann, dann folg' ich dir." 2008, zwei Jahre nach Erich Lindenbergs Tod, erscheint die neue Udo-CD „Stark wie zwei". Binnen kürzester Zeit wird sie zum Mega-Erfolg. Mit 62 Jahren erlebt Udo Lindenberg ein Comeback, das ihm niemand zugetraut hätte.

Auch in den Produktionen danach macht Lindenberg den Tod und das Sterben zu festen Themen seiner Songs. Mit „Wenn du gehst" gelingt ihm eine herzzerreißende Ballade, die mittlerweile oft auf Trauerfeiern gespielt wird. Es ist ein Lied über die Gefühle eines Menschen, der zurückbleibt. „Wenn du gehst, kracht der Himmel ein, [...] und die Nächte werden endlos sein, wenn du von mir gehst." Beim Hören entstehen unvermittelt traurig-tröstliche Bilder im Kopf: „Mit deinem kleinen Koffer in der Hand verschwindest du in der Nebelwand, und ein anderer nimmt dich an die Hand – wenn du von mir gehst." Und dann folgt wieder der Gedanke, dass es hinterm Horizont des Lebens ein großes Wiedersehen gibt: „Eines fernen Tages sehen wir uns wieder – irgendwann." Am Ende trotzdem die stille, verzweifelte Bitte des Trauernden, der den Tod nicht akzeptieren will: „Bitte geh noch nicht!"

Die Corona-Pandemie hat Lindenberg länger als geplant ins Hotelzimmer gebannt. Den 75. Geburtstag nicht mit einer großen Sause zu feiern, womöglich auf der

Bühne, ist hart für einen, der so gerne im Rampenlicht steht wie Udo Lindenberg. Gevatter Tod ist ihm da womöglich noch vertrauter geworden als bisher. Dass er ihn persönlich trifft, ist ja nicht nur eine Comic-Geschichte. Auch im wahren Leben gab es bereits einige Begegnungen. „Gevatter Tod kenne ich schon lange, in experimentellen Suff-Drogenzeiten hat er sich schon ein paar Mal bei mir vorgestellt", erzählt er.

Das Motiv gefällt Lindenberg. Ein neuer Song entsteht 2021: Im Traum lässt Lindenberg den Tod in sein Zimmer: „Wir haben gequatscht bis in den Morgen, so über dies und das." Und dann fragt der Tod ihn: „Wenn du heute nochmal anfangen könntest von vorn – welchen anderen Weg hättest du vielleicht genommen? Welche Party ausgelassen und welchen Fehler nicht gemacht?" Lindenberg überlegt, dann sagt er: „Ich würd's wieder genauso tun, genauso, wie es war – mit jedem Höhenflug und jeder Talabfahrt." Spät in der Nacht verlässt der Tod sein Zimmer – mit der Zusicherung, dass er Lindenberg noch ein paar Jahre Lebenszeit gibt.

„Den Tod zu kennen hilft mir, bewusster zu leben", sagt Lindenberg. Und trägt damit eine biblische Weisheit in sich: „Lehre uns bedenken, dass wir sterben müssen, auf dass wir klug werden" (Psalm 90,12).

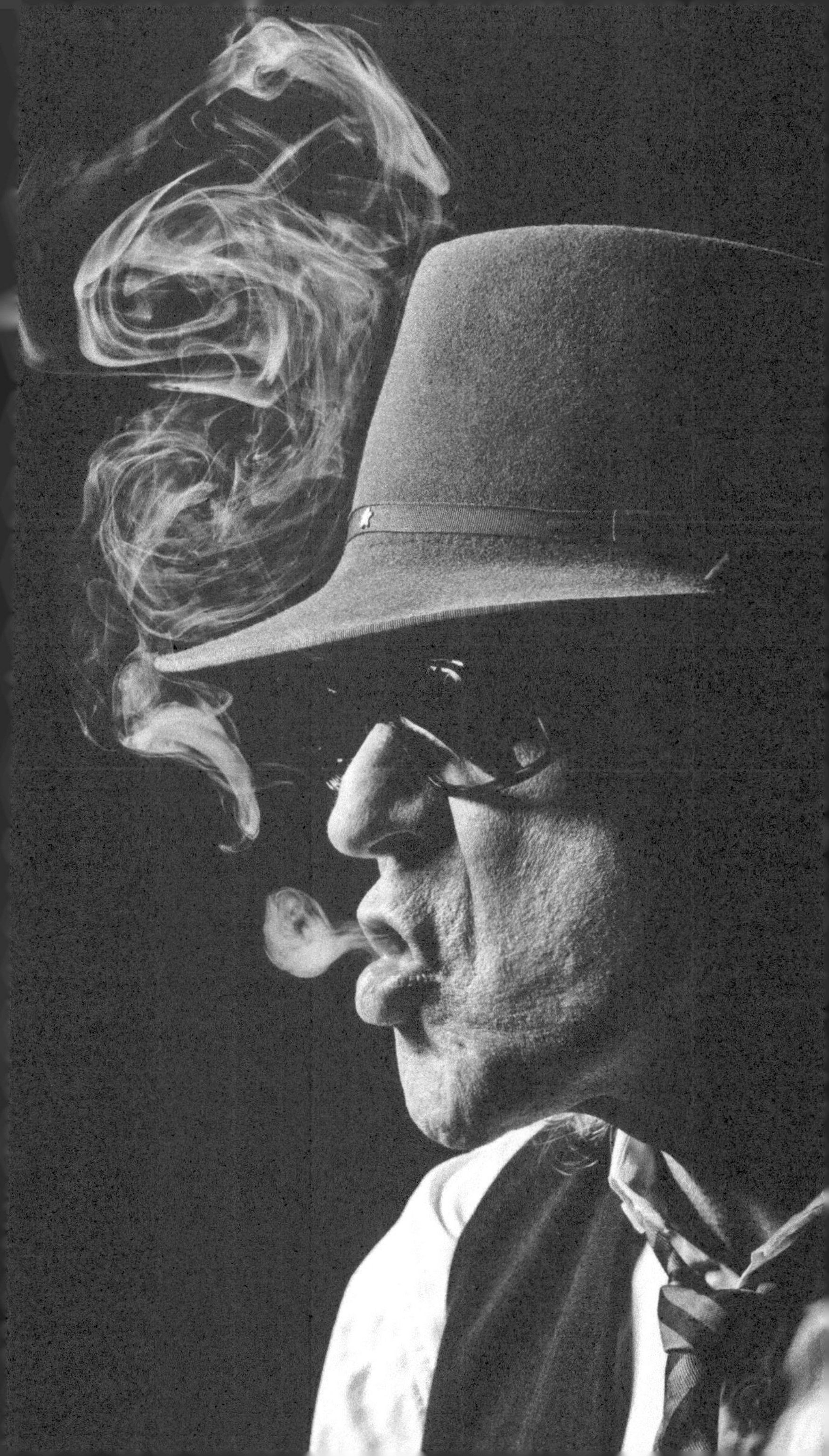

Anhang

LEBENSLAUF

1946	17. Mai: Geburt in Gronau
1955	Taufe
1960	Konfirmation
1961	Ausbildung zum Kellner in Düsseldorf
1963/64	Tripolis
1968	Ankunft in Hamburg, City Preachers
1970	München: Schlagzeug mit Peter Herbolzheimer und Klaus Doldinger. Tatort-Titelmelodie
1971	Erste LP „Lindenberg"
1971	13. Januar: Gründung des Panik-Orchesters
1973	LP „Andrea Doria": Durchbruch. Erste Tournee mit dem Panikorchester
1975	Erstes Buch: „Albert Alptraum bis Votan Wahnwitz"
1978	Erste Rock-Revue
1979	„Dröhnland Symphonie", inszeniert von Peter Zadek
1980	Erster Film: „Panische Zeiten"
1983	„Sonderzug nach Pankow". 25.10.: Auftritt im Ostberliner Palast der Republik
1985	Auftritt in Moskau
1986	Tod der Wegbegleiterin Gabi Blitz
1987	Überreichung einer Gitarre an Erich Honecker
1988	Auftritt vor dem Reichstag (mit Michael Jackson)
1989	Erste Autobiografie: „El Panico". Herzinfarkt. Bundesverdienstkreuz am Bande
1992	Echo für sein Lebenswerk
1996	Erste Ausstellung im Hamburger Erotic Art Museum
2002	Erste Ausstellung „Die Zehn Gebote" in St. Jacobi/ Hamburg
2003	Auftritte in China

2006	Tod des Bruders Erich. Gründung der Udo Lindenberg Stiftung
2008	„Stark wie zwei“: Comeback
2010	Zwei Sondermarken von Udo gestaltet
2011	Premiere Musical „Hinterm Horizont“ in Berlin. Veröffentlichung „MTV unplugged“
2016	Juli: Ehrenbürger von Gronau
2018	Eröffnung der „Panik City“ in Hamburg
2019	Bundesverdienstkreuz 1. Klasse
2020	Filmografie „Lindenberg! Mach mein Ding“
2022	Stadion- und Hallentournee durch Deutschland

QUELLEN / LITERATUR

Quellen

Lindenberg, Udo: Albert Alptraum bis Votan Wahnwitz, Hamburg 1975
– Rock'n'Roll und Rebellion. Ein panisches Panorama, Frankfurt (Main) 1981
– Das Textbuch, Frankfurt (Main) 1981
– El Panico, München 1989
– Hinter all den Postern. Aufgerissen von Steve Peinemann, Reinbek bei Hamburg 1979
– Ich mach mein Ding: Der Bildband zur Tour. Fotografien von Tine Acke, Berlin 2013
– Panikpräsident. Die Autobiografie, München 2004 (mit Kai Hermann)
– Stark wie Zwei 2007–2010. Fotografien von Tine Acke, Berlin 2010
– Stärker als die Zeit. Die Stadiontour. Fotografiert von Tine Acke, Augsburg 2017
– Udo Lindenberg liest die Weihnachtsgeschichte nach Udo, Gütersloh 2011
– Udo, Köln 2018 (mit Thomas Hüetlin)
– Zeitreise. Mit Fotos von Michael Gimbut, München 2002

Lindenberg, Udo (Hg.): Mein Hermann Hesse. Ein Lesebuch, Frankfurt (Main) 2008
Köster, Arno (Hg.): Udo Lindenberg in eigenen Worten, Heidelberg 1998

Kunstbände

Das Lindenwerk – Malerei in Panik-Color, Berlin 2018
Der Pakt. Vom Leben gezeichnet. Gemälde von Udo Lindenberg, Kempen 1999
Zwischentöne. Katalog zur Ausstellung im Museum der bildenden Künste Leipzig, Leipzig 2020

Anderes

Albers, Ulrike/Saurer, Johannes: Keine Panik, die Legende bleibt. Comic, Naumburg 2020
Dickel, Hanspeter: Gronau Udo Wunderwelt Band I, Gronau 2016
Ders.: Gronau Udo Zauberwelt Band II, Gronau 2022
Feierabend, Peter/Frank Bartsch: Udo Lindenberg – Mach dein Ding. Die frühen Jahre – wie aus dem kleinen Matz der große Udo wurde. Das Buch zum Film, Hamburg 2019
Hilbert, Erwin: Völlig abgedreht. Ich war Udo L.s „Geheimrat", Wuppertal/Zürich
Köster, Arno: Hoffnung für Kenia. Die Udo Lindenberg Stiftung in Afrika, Salzburg–Wien 2018
Kurenbach, Stephan: UDOgraphie. Die ultimative Lindenberg-Discographie, Königswinter 2019
Schultz, Karl: Zwischen Kirche und Kiez. Ansichten eines Pfarrers, Hamburg 2022
Stuckrad-Barre, Benjamin von: Udo Fröhliche! Das Lindenberg-Lexikon von Alkohol bis Zigarre, Berlin 2016
Stuckrad-Barre, Benjamin von / Uslar, Moritz von (Hg.): Am Trallafitti-Tresen. Das Werk von Udo Lindenberg in seinen Texten, Hamburg 2008

Udo Lindenberg. Hamburger Abendblatt Collector's Edition No. 2, Hamburg 2019

Woppowa, Jan (Hg.): Mensch sein. Udo Lindenberg malt die Zehn Gebote. Arbeitsmaterialien für Schule und Gemeinde, Braunschweig 2019

INTERNET-LINKS

www.udo-lindenberg.de
Die offizielle Website des Künstlers ist eine gut organisierte Fundgrube vieler Artikel und Infos über ihn. Außerdem finden sich dort die Texte sämtlicher Songs mit Urhebernennungen und Erscheinungsjahr.
Stets aktualisierte Facebook-Präsenz:
www.facebook.com/UdoLindenberg

www.udo-lindenberg-stiftung.de
Seite der Udo Lindenberg Stiftung. Aktuelle Projektberichte auf facebook: www.facebook.com/udolindenbergstiftung

www.panikcity.de
Seite der PANIK CITY in Hamburg, einer multimedialen interaktiven Event-Location

www.rock-popmuseum.de
Seite des Gronauer rocknpop-Museums

Youtube-Kanal: Udo Lindenberg-UTube
Viele Videos aus allen Zeiten seiner Karriere, Making-Ofs und interessante Dokus

Rechtehinweis: *Udo Lindenberg ist nicht Allein-Autor aller in diesem Buch erwähnten Songs. Alle Urheber sowie die vollständigen Songtexte finden sich in der „Discografie" auf:* **udo-lindenberg.de**

BILDNACHWEIS

S. 9 Autogrammkarte TELDEC 2/76, Archiv Birnstein
S. 14 Von oben: Bild 1 und 3: Udo-Lindenberg-Archiv; Bild 2 und 4: Archiv Hanspeter Dickel
S. 16, 26: Archiv Hanspeter Dickel
S. 33: wikimedia
S. 39, 42, 52, 65, 104: Udo-Lindenberg-Archiv
S. 49: Heinrich Klaffs/wikimedia
S. 74/75: Bundesarchiv, B 145 Bild-00228931/Guido Bergmann
S. 83: © Udo Lindenberg; Titel: „Kampf der Teufel und der Engel um Fausts Seele", Acryl auf Bütten, 1999 (Original farbig)
S. 88: © Udo Lindenberg; Titel: „Moses", Mischtechnik auf Papier, 2001 (Original farbig)
S. 97, 110: Bonifatiuswerk
S. 111: Uwe Birnstein
S. 120, 129: Tine Acke/Pressebilder
S. 122: Szene aus Albers/Saurer: Keine Panik, die Legende lebt, Naumburg 2020

Autor und Verlag danken Udo Lindenberg für die Freigabe der Fotos und Kunstwerke. Besonderer Dank an Frank Bartsch (Udo-Lindenberg-Archiv) und Hanspeter Dickel für die Zusammenarbeit sowie Ulrike Albers für die Freigabe des Comic-Bildes S. 122.

AUTOREN-INFO

Uwe Birnstein (*1962), evangelischer Theologe, arbeitet seit 1991 als Journalist für Printmedien, Hörfunk und Fernsehen. Bekannt durch Beiträge in der ZEIT, der taz und bei ARD-Sendern sowie als Autor mehrerer Bücher, u. a. über historische und heutige Persönlichkeiten. Seine Biografie über Margot Käßmann wurde zum SPIEGEL-Bestseller. Auch als Musiker ist Uwe Birnstein seit Langem unterwegs, u.a. mit dem Gitarristen Werner Hucks und in der Formation „Stine & Friends" mit Programmen über Leonard Cohen, Bob Dylan und Udo Lindenberg.

Letzte Veröffentlichungen:
- „Hallelujah", Leonard Cohen! Wie Leonard Cohen Gott lobte, Jesus suchte und unsere Herzen berührt, Verlag Neue Stadt, München 2020 (2. Aufl. 2021)
  (Auch als Hörbuch, gelesen vom Autor, 3 CDs)
- Forever Young, Bob Dylan! Wie der Rock-Rebell Gott sucht, Eigensinn lebt und den Frieden besingt, Verlag Neue Stadt, München 2021 (Auch als Hörbuch, gelesen vom Autor, 3 CDs)
- Luther und Lindenberg. Zwei Deutsche für ein Halleluja. Eine panisch-theologische Zeitreise, mit Werner Hucks, Gitarre, Solid Pack Records, München 2021. Erhältlich über: www.komm-webshop.de

Zu dem Buch „Alles klar, Udo Lindenberg" präsentiert Uwe Birnstein solo oder mit verschiedenen Formationen unterhaltsam-tiefsinnige Konzertlesungen mit Live-Lindenberg-Songs. Aktuelle Termine und Buchungsmöglichkeit über die Website: www.birnstein.de

Uwe Birnstein im Verlag Neue Stadt

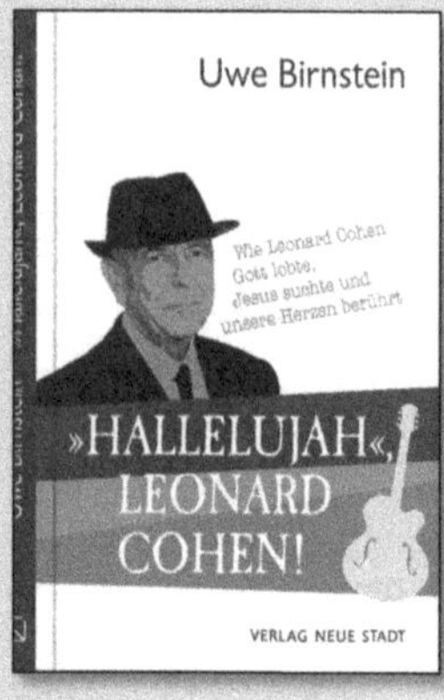

LEONARD COHEN, wie ihn kaum einer kennt. Mit teils erstmals veröffentlichten Schwarz-Weiß Fotos.

132 Seiten, gebunden, zwölf Fotos
ISBN 978-3-7346-1233-6

Auch als Hörbuch, gelesen vom Autor:
3 CDs, 182 Minuten
ISBN 978-3-7346-1265-7

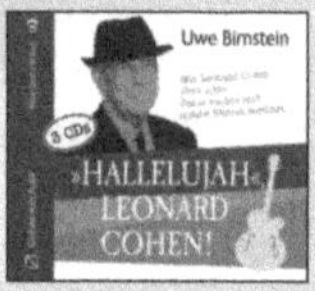

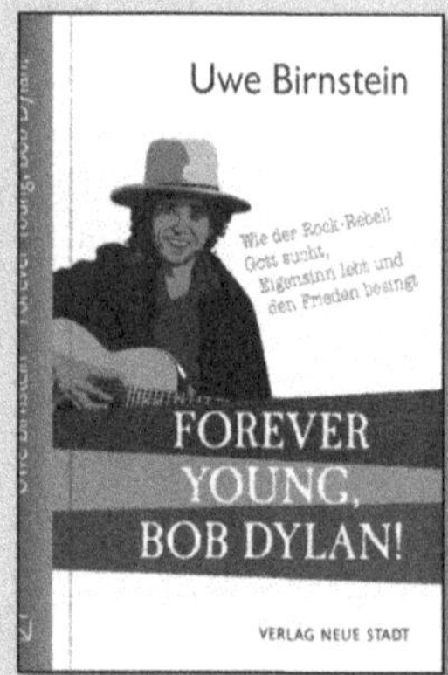

BOB DYLAN: Protestsänger, Troubadour, Rock-Poet mit Literaturnobelpreis, einer, der Irdisches und Himmlisches facettenreich verschmelzen lässt …

192 Seiten, gebunden, 17 Fotos
ISBN 978-3-7346-1268-8

Auch als Hörbuch, gelesen vom Autor:
3 CDs, 240 Minuten
ISBN 978-3-7346-1279-4

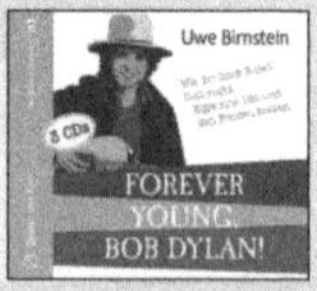

DAS HÖRBUCH ZU DIESEM BUCH, GELESEN VOM AUTOR

3 CDs, ISBN 978-3-7346-1297-8

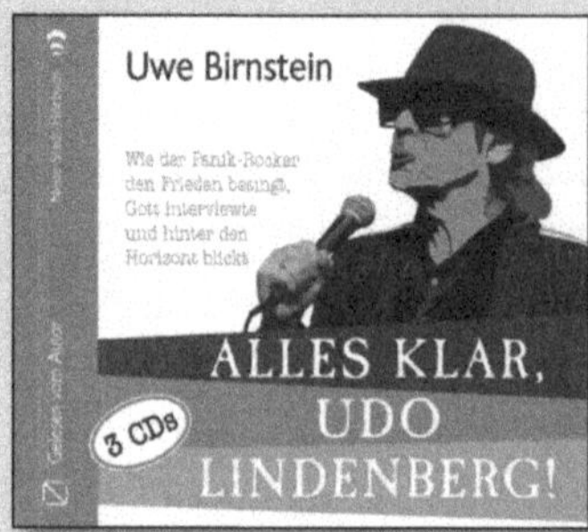

www.neuestadt.com